クイズ作家の
すごい思考法

近藤仁美
Kondo Hitomi

インターナショナル新書 152

はじめに

あなたは、一日あたり何回くらいものごとを判断しているだろうか。

ケンブリッジ大学のバーバラ・サハキアン教授の研究によると、人間は一日に約三万五〇〇〇回もの意思決定を行うとされている。

意思決定には、基本的に「問い」が伴う。何かを選択するということは、複数の道のどれを採るか、あるいは道なき道で何を答えとみなすかを自他に問い、選び取っていく営みだからだ。

世界は、問いであふれている。

朝起きれば「今日は何をするんだっけ？」と自分に確認し、仕事の最中には同僚に「あの件の進捗どう？」と聞き、食事のひとつにさえ膨大な選択肢がある。そうした「問い」のほんの一部でも自覚的に行うことができれば、自身の欲しい成果や引き出したい情報に少しでも近づきやすくなるはずだ。

さて、私はクイズ作家だ。クイズ作家とは、文字どおりクイズをつくる専門職のことで、テレビ番組や書籍、地域のお祭りや企業が主催するイベントでのクイズ大会、果ては商品のプロモーションまで、様々な媒体にクイズ・雑学を提供する。この仕事を二〇年近く続けた結果、自分なりに見えてきたものがある。それは、クイズ作家が問題をつくるときに使う情報の集め方や見せ方は、人とのコミュニケーションに有効であり、自身の関心や想像力を拡げるのに役立つということだ。

クイズはなにも、決まった答えを出して終わりではない。ひとつの答えに至るまでに実は様々な可能性を絞っているのであり、それを自覚的に行うことができれば、確からしい結論や面白い情報に素早くたどり着けるようになる。また、人に興味をもってもらいやすい話題選びにも役立つし、ものごとを分析する際の切り口も増える。もしかしたらこれは、クイズに関係のない場面でも活かせるのではないか。そう思ったことが、本書執筆のきっかけである。

ちなみに、この本の内容は私が個人的に得た知見であって、他のクイズ作家や業界関係者が頷くものとは限らない。そのうえで、テレビ番組の一問が成立するまでにはどんな工程があるのか、豪華商品をかけて行うクイズイベントの陰で起こった悲喜こもごもなどを、実際の経験に基づいて書いている。たまにのたうったり喜んだりしているが、それはまあ、ご海容ください。

日々様々な場で目にするものの、どのようにつくられているのかはあまり知られていない、クイズの裏側。新しい世界の探索に、明日の話題やお仕事や発想のヒントに、ぜひ気楽にご覧いただければ幸いだ。

――それでは、さっそくまいりましょう。最初の問題は、こちらです！

クイズのレシピ

材料（ひとり分）

好奇心：適量　集める情報：適量　伝達の意思：多量

※好みにより、「知識」を加えてもかまいません。ただし、多用すると鼻につくため、隠し味としての使用がおすすめです。

つくり方

① 調理にあたり、クイズを食べる人と、提供する場を想像します。

② ①に合わせ、食べる人が「へぇー！」と唸《うな》りそうな最良の材料を集めます。

③ 材料を鍋に入れ、強火で煮ます。問題文が軽く煮立ったら、ミスリードになる表現や誤った情報がアクとして出てくるので、丁寧に取り除きます。

④ 全体がまとまり、表現がパリッとしたら、テレビなどに盛りつけて完成です。

栄養成分（一問あたり）

関心の広がり：三〇％　想像力の向上：二四％　会話力アップ：二〇％
知識の定着：一五％　未知を楽しむ力：一一％
※右は標準値。料理人はお客さんの好みに応じて材料を組み合わせ、成分調整を行います。

盛りつけ例

問題　経済用語で「ピーチ市場」というと、取引の場がどのような状態であることを表す？
答え　商品の良し悪しがわかりやすい状態
解説　桃は傷むとすぐに黒ずむため、買い手から商品の状態が判断しやすいのでこう呼ぶ。反対語は「レモン市場」。レモンは見た目で良否が判断しづらいため。もとはアメリカの中古車市場のスラングで粗悪品をレモンとよんだことに由来し、それが経済用語になった。

問題　南アフリカで子どもの感染症発生率を七〇％減らした方法。子どもが手洗いの習慣を身につけられるよう、世界保健機関が行った工夫とは？
答え　石鹸の中におもちゃを入れた
解説　おもちゃが透けて見える石鹸を子どもたちにプレゼント。最初はおもちゃが欲しくて手を洗うが、大きな石鹸を使い切るころには手洗いの習慣がついているという仕組み。

目次

ミジンコと見つめあう
「その番組、私やってないんですけど……」
カーテンのシャーッというやつの名前
名前を知ればパフォーマンスが上がる
「知っていること」に「知らないこと」を掛ける
悩みの〝ワクワクバランス〟をどうするか
ウィキペディアの賢い利用法
【このビジネスクイズ、解けますか？】

第2章 ヒントは〝日常〟の隣にある
――クイズは入口であり出口である

クイズで想像力を育てる
日常のものに疑問を感じる――非常口のマークはなぜ緑色？
金魚がいれば銀魚もいる？――妄想を歓迎する
ビールの泡はアルコール度数が低いのか？

第3章 クイズ作家の収入は何で決まるのか

――「誰も解けない」も「みんなが解ける」もダメ

第1章

三日サボるとクイズ作問力が落ちる

——ふだんやっている能力アップ法

毎日、問題は多くて七〇問つくる

クイズ作家は一日何問くらいクイズをつくるのか。

周囲からよく聞かれるので、実際に数えてみたところ、私の場合、おおむね七～七〇問だった。

手間のかかる問題に取り組む日や、執筆など作問以外の作業が多い日は、総労働時間は変わらないが、問題数は少なめだ。同様に、内容の精査が容易な低難易度の問題は、同じ時間内にたくさんつくることができる。

日によって作問数に違いはあるが、大切にしているのは、〝休まないこと〟だ。仕事を休まないというと、「そんなストイックな！」「時間の使い方が下手なんじゃない？」と思われそうだが、私にとって、この方法が最も効率的で気力に頼らず成果を出せるやり方なのである。

楽器を習ったことのある人なら、経験があるかもしれない。一日練習をサボると「あれ、こんなかんじだっけ？」という違和感が生まれ、三日さわらなければ指の動きが明らかにもたつく。同様のことは、作問にもいえる。一日休むと発想力が落ち、三日手を止めると着眼点がありきたりになる。このような事情から、私は毎日問題をつくるようにしている。もうそういうものとして日々を送っているので、いまではあまり苦ではないし、連休や日曜日など人の休んでいるときに少しでも作業をしておくと、ちょっとした「私、今日も進んだな」という達成感が得られる。

もちろん、仕事においてはメリハリも大切だ。私の場合、九時～五時という定時の働き方ではなく、残業をしすぎて睨《にら》まれることもない。それは、裏を返せば時間と気力と体力が許せばずっと働けてしまうということだ。

うまく自分を律することができなければ際限がなくなってしまう。この危うさは、労働時間の自由度が高い職種の人に共通する課題のようだ。ライティング系の仕事の人や中小企業の経営者と話していると、「また徹夜になってしまった」「また火事場の馬鹿力を使ってしまった」という反省めいた言葉をたびたび耳にする。

使えるパーキンソンの法則

そんな彼らとの間でよく話題になるのが、「パーキンソンの法則」だ。

効率のよい働き方を模索したことのある人は、一度は聞いたことがあるかもしれない。

パーキンソンの法則とは、イギリスの学者シリル・パーキンソンが唱えた人の行動に関するあるあるのことで、「仕事の量は完成までに使える時間をすべて満たすまで膨張する」「支出の額は収入の額に達するまで膨張する」というものだ。

第一法則の「仕事の量は完成までに使える時間をすべて満たすまで膨張する」は、たとえば、締め切りまで一か月の仕事は本当に一か月ギリギリにならないと仕上がらない、一時間と設定した打ち合わせは本当に一時間経つまで終わらない、といったものだ。この法則から抜け出すためには、あらかじめ制限時間を短めにしておくことが有効とされている。だが、いたずらに短くすると、目標を達成できなかったり、自己嫌悪でかえって能率が上がらなくなったり、結局進行が遅れて周囲に迷惑をかけたりする。そういった事態を避けるうえで個人的に役に立った方法は、以下の二点である。

A　スケジュール帳には、自分で設定した、無理のない前倒しの締め切り（短い方）だけを書く

B　時間あたりの作業量を決めて動き、完成度にこだわらず予定どおりに業務をこなす

Aについては、短い方の締め切りを正とすることで、自然とそれに合わせて動くようになる。もちろん、頭の隅では本物の締め切り（チーム内や取引先との話し合いで決めている締め切り）がちらつくわけだが、それについてはメールなどの記録を確認すればわかるので、毎日見るスケジュール帳には書かない。要は、本物の締め切りを確認するにはひと手間かかる状態にしておくのだ。こうすると、「見返すのに時間を使うより手を動かした方が早い」という気になって作業が進む。

Bについては、前段階として実験が必要だ。何をするかといえば、特定の仕事を引き受けることになってすぐ、数時間だけその案件に集中してみるのだ。すると、その仕事に関して自分が出せる速度がわかる。クイズなら一時間○問、原稿なら一時間○文字、といった具合だ。この「時速」をもとに、多少の余裕を上乗せして、例の「短い方の締め切り」を設定する。そして、設定後は、時速どおりに進行する。

このときポイントとなるのは、たとえ余裕がある日でも、目標値に達したらさっさと作業を止めることだ。また、不調な日でも、完成度を気にせず目標値までは進める。これにより、質はともかく一定の量は確保できるようになる。なお、経験ずみの慣れた案件ならば、実験過程を省いていきなり作業に入ることも可能である。

ところで、仕事量や時間の使い方についてなぜこんな説明をするかといえば、私自身、余裕のない綱渡りを何度も繰り返してきたからだ。おはずかしい話、締め切りを守れなかったこともあるから、この方法は「そんな奴でもなんとか成果を出せるやり方」だとお思いください。

なお、パーキンソンの第二法則「支出の額は収入の額に達するまで膨張する」は、四八ページの「名前を知ればパフォーマンスが上がる」に関係する。この法則が仕事や生活とどう絡むのか、そのページもめくってみてほしい。

不得意分野を克服する

中学生時代、私は英語や数学があまり得意ではなかった。どちらかというと音楽・社会・理科・美術あたりが好きで、テストの得点源として安心できるのもこれらの分野だった。

それがいまでは、クイズの世界大会の問題を英語でつくり、テレビ番組では数学を使った問題が強みのひとつになっている。人間、必要に迫られれば意外とできるようになるものだ。

苦手分野を克服すると、けっこう得することがある。自分が苦手なものは周囲も自信がないというケースは往々にしてあるし、たとえ好きでなくても「この人は〇〇分野ができる」とみなされるところまでいけば、新規案件の開拓につながりやすい。

ではどうやって学習するかというと、私の場合、まずその苦手が克服できるとどんな効果があるかを考える。一例を挙げると、クイズ作家になってからわざわざ数学や物理を学びなおしたのは、この分野の作問ができる作家が少ないので、自分が生き残れる確率が高まると思ったからだ。効果をイメージし、目の前の課題をこなすことができるたびに「私えらいわー」などと（心の底からは思わなくていいので）大げさに口に出してみる。すると、ゆるやかにモチベーションが上がり、苦手なりに取り組みやすくなってくる。

この一連の流れを継続していくうち、自分の得意分野と学び中の苦手分野を組み合わせることも考えるようになる。歴史が得意なら、「遺跡からの出土品」×「物理の放射性炭素年代測定法」＝「古代のロマンを感じられる計算問題」、といった具合だ。学んだことが役に立ったという経験を積むと、もうちょっとやろうかなという気が湧いてくる。苦手のいくつかは、こうして強みに変わっていった。

「嫌」で「できるようになりたくない」ものは避ける

なお、あるものごとが「苦手」か「嫌」か、「できるようになりたい」か「できるようになりたくない」かは、はっきり区別した方がうまくいく。「苦手」かつ「できるようになりたい」なら迷わず克服へGOだが、「嫌」や「できるようになりたくない」ものであるのなら、別に無理する必要はない。

この分け方は、他人に特定の考え方や行動を求められたときにも有効だ。本当は「嫌」で「できるようになりたくない」ものなのに、うっかり「苦手」だと捉えていると、他者が望むことから距離をとる自分をダメなやつだと思ってしまう。そうすると、自己肯定感はマイナス値、人からのいわれのない攻撃にも甘んじる、という状況になりかねない。

なので、「嫌」かつ「できるようになりたくない」ものからは、下手に頑張らずダッシュで逃げるのもありだ。

所属している組織で、形骸化し誰も実効性を見出せないのに継続されている業務がある場合、その改善をしようとして邪険に扱われたならば、無理にその場に留まらず離脱を考えるのもありかもしれない。以前、私も立場上、自分が正しいと思い込んでいる人たちのいざこざに割って入らざるを得ず、かえって飛び火をくらって数年間不遇だったことがある。彼らへの対応はそもそも「嫌」で「できるようになりたくない」（限られた時間はもっと生産性のあることに使いたい）ものだったので「喧嘩は外でやって」と言ってそれ以上関わらない方法があったと、いまになって思ったりするのである。

マリ・キュリーに学ぶ並行作業法

科学者マリ・キュリーは、ノーベル賞を受賞した初の女性である。一九〇三年には放射能の研究で物理学賞、一九一一年にはラジウムとポロニウムの発見などで化学賞と、二度の栄冠に輝いた。

そんな彼女に私が出会ったのは、小学校の図書室だった。当時はまだマリ・キュリーでなくキュリー夫人といわれることが多く、年齢ひと桁の女児なりにちょっとモヤッとしながら彼女の伝記を開いた。その本には、極貧生活のなかパン屋から漂う匂いで飢えをしのいだ、放射線・放射能という言葉を生み出した、などと、興味深い情報が様々載っていたのだが、なかでも印象に残っているのは、彼女の勉強法だ。

彼女はある教科の勉強に疲れると別の教科に移り、それに疲れるとまた別の教科に移り……といった要領で学んでいたという。学習で学習の気分転換をするという発想は、とても効率的に思えた。実際にやってみると想像以上に具合がよかったので、以来学校の勉強はもちろん、この仕事に就いてからもずっとそうしている。

クイズ作家という職業は、作業で作業の息抜きをしやすい。クイズは一問がさほど長くないうえ、題材がコロコロ変わるためだ。たとえば今日は調べ物をしていたのだが、「バナナという名前のブドウがある→陸で暮らすカエルはおなかの皮膚から水を飲む→日本刀で峰打ちすると実は刀が折れる」……という順で真偽を調べていき、やっていることはひたすらリサーチなのだが、かなり充実した時間を楽しむことができた。ちなみに、先ほどの調べ物の結果はどれも正だ。ただし、峰打ちの件は力の加減や方向にもよる。また、日本刀の背面側は本来「峰」でなく「棟」なので、このあたりまで説明するとなると、テーマは日本刀なのにちょっと切れ味が悪い。

やらされている感をなくす

クイズ作家でなくても、社会人は多かれ少なかれ複数の作業を行き来することになると思うが、「マリ・キュリー式作業法（勝手に命名）」にはコツがある。それは、「他人にやらされている感」をできるだけ生じさせないことだ。

日々の作業はぶっちゃけ望んでも望まなくても発生する。積みあがる業務に受け身で対応すると、やらされている感が強くなりがちだ。そこで、その作業が「自分にとって」どんな意義があるのか、結果を得ると「自分にとって」どう楽しいのかを、あらかじめ考えるとうまくいきやすい。

ちなみに、マリがとっかえひっかえ学んでいたのは、物理や数学だ。人によってはこう聞くだけで「うへぇ」となるかもしれないが、彼女本人にとっては楽しかったからこそ、その学びが続いたのだろう。

ところで、小学生のころに読んだ偉人の伝記といえば、紫式部を扱ったものも印象深かった。彼女の父親は、娘の豊かすぎる学才に「この子が男だったら」と嘆いたというが、その部分を読んだ私は、「この言葉、一〇〇〇年も生き残ってるのか！」とびっくりした。

当時、知人に商才あふれる女性がいて、彼女は「この人が男だったら大社長になっていただろう」と言われていた。それが褒め言葉のニュアンスなのである。実際は、女性だったから大社長にならなかったと言われているようなものだが、これが褒め言葉って何よ・笑
なお、このフレーズはいまの時点でもまだ生きている。先日年かさの人が私との会話で

口にしたもので、聞いた瞬間頭のなかをシーラカンスが泳いだ。とはいえ、この手の「生きている化石」的な言葉はそう珍しくない。イチョウやオウムガイが地球上に長く暮らしているのと同様、「近頃の若いモンは……」というぼやきは少なくとも四〇〇〇年くらい繁栄している。

これらを「いつの世も変わらない」と愛おしく思うか、生きている化石の代表格・ゴキブリよろしくスリッパ片手に追うか。個人的には、向こうさんも生き物なので単に野外ですれ違うだけならわざわざ寄っていかないけれど、私の部屋で出るのならそのときは覚悟してちょ、と思っている。

使えなくなるクイズがある

【問題】

・百獣の王・ライオンは、実は自宅で飼える。◯か×か。

・現在日本の家庭で飼える最も大きい動物は何でしょう？

これらの問題は、テレビのいわゆるゴールデンタイム用に考えられた、老若男女が楽しめるお茶の間向けのクイズだ。前者の答えは○、後者の答えはキリンだった。ちなみに後者は比較的有名な雑学で、テレビCMにも使われていた。

ただ、この二問の答えは、二〇二〇年に変わってしまった。前者の答えは×となり、「え、飼えるの!?」という驚きが消えた。後者の答えに至ってはもはや正確な判定が難しくなったため、そもそも出題されなくなった。

これらの変化は、「動物愛護法」の改定によるものだ。ライオンやキリンは「特定動物」といって、人やその持ち物に危害を加える可能性があるとされている。こうした生き物を飼う場合、かつては都道府県知事の許可が必要だった。つまり、裏を返せば許可をもらえば飼えた。そのため冒頭のような問題が成立していたのだが、法律の変更により、すでに飼われているものは別として、新たな飼育は動物園や研究所など特別な場所でしかできなくなった。

ちなみに、キリンが飼えなくなっても、キリンを散歩させる場合の法律は生きている。『道路交通法施行令』には「象、きりんその他大きな動物をひいている者」は「車道を通行する」という定めがあるため、キリンと一緒に散歩やパレードをする場合は歩道でなく車道を歩くことになる。

ところで、さきほど法律を改定、変更と表現したが、この言葉選びには違和感のある方もいるかもしれない。なぜより一般的な「改正」を使わなかったかといえば、それは個人的な好みの問題だ。「改正」は不備や間違いを改め正すという意味の言葉なので、変更後の仕上がりが正しい状態にあることが前提のように聞こえる。

こう感じる時点で私がひねくれているのかもしれないが、なにかのルールが変わったときに「○○を改正しました」という発表を聞くと、この人たちは変えた結果が誤っている可能性を考えないのだろうか、とか、自ら「正」という字を使っちゃうのね、とか、余計なことが頭に浮かぶ(やっぱりこちらがひねくれている気がする)。

このような事情から、人が使うのはまったく問題ないとして、自分の文章では「改正」という言葉を選ばないことが多い。しょうもないことだが、文字面を気にするのはクイズ作家の性《さが》のようなものなので(と自己「正」当化してみる)、もうしょうがないなと思っている。

答えが変わってしまった問題

閑話休題。クイズの答えが変わってしまった例としては、こんなものもある。

【問題】

日本で初めてラーメンを食べたのは誰でしょう？

選択肢　A：足利尊氏　B：水戸黄門　C：福沢諭吉

この問題はもともと「B：水戸黄門」こと徳川光圀《みつくに》が答えだったのだが、一四八八年に亀泉集証《きせんしゅうしょう》とその仲間たちが初めて……って、亀泉って誰やねん。

亀泉集証は室町時代の僧侶だ。将軍・足利義政の信任が厚かった人物で、この人が大部分を書いた『蔭涼軒日録《いんりょうけんにちろく》』は、当時の政治や貿易の状況を知るための重要な史料として知られている。この史料の一四八八年の部分には、中国の本で調べた「経帯麺」という麺を作って客に出し、自分も食べたという内容が書かれている。この記述が二〇一七年に報告され、記録にある限り日本で初めてラーメンを食べた例ということになった（なってしまった）結果、一気に二〇〇年以上歴史が更新されたのだ。

この発見が新聞、ラジオ、新横浜ラーメン博物館ホームページなどで報じられたとき、私の頭のなかでは、「こうしてこの世界から、またひとつとっつきやすいトリビアが消えた」というナレーションが流れた。右のクイズは、国民食ともいわれるラーメンを素材にしていること、歴史に詳しくない人でも聞いたことがある人物・水戸黄門が答えになることで興味をもてるクイズに仕上がっていたわけだが、その前提が崩れたら、「だから何?」と言われてしまう。

また、複数人で食べたことがはっきり記載されているのも、ちょっと苦しいところだ。答えが水戸黄門であったときも、作った料理人が少し味見したとか、実はご相伴に与かった人がいたとか、そういったことはあったかもしれないが、それが記録に残っていないから水戸黄門を答えにできていた。より慎重にするならば、問題の冒頭に「次のうち」と入れればよいことで、特に問題は発生しなかった。ところが『蔭涼軒日録』の場合、複数人で食べたことが明らかで、クイズとしては成立しなくなったのだ。

クイズ作家は、日々このような情報の更新に見舞われている。消えるトリビアもあれば新たに生まれる雑学もあるので、ときに楽しみながら、ときに残念がりながら、アップデートを繰り返している。

故きを温《たず》ねて新しきを生み出す――ラスボスとノミ色

「欲望の塊」「ねこのくしゃみ」「夜明けの人魚」――これらはいずれもあるものに関する言葉なのだが、何にまつわるものか、ご想像がつくだろうか。正解は、口紅。近年は化粧品の色に独特の名前をつける例が多く見受けられ、右の口紅もそれぞれ違うメーカーが出しているものだ。

風変わりな色名《いろめい》を聞けば、どんな色か見てみたくなる。おしゃれでSNS好きな人は、入手後に投稿してみたくもなるだろう。要は、色名が人の興味を引き、情報を広めたくなるフックになっているのだ。このことに気づいたとき、私はクイズをきっかけに知ったある歴史上のできごとを思い出した。

いまを遡ること二五〇年ほど前、フランスの宮廷では「ピュス」という色が流行っていた。ピュスとはノミのことで、これを流行らせたのはマリー・アントワネットとそのドレス担当の仕立て屋ローズ・ベルタンだ。王侯貴族の衣服と人を害するやっかいなノミの取り合わせは、そのおかしみと王妃のブランド力で当時の話題をさらった。また、この色はしだいに細分化され、ノミの腹の色・年老いたノミの色など、微妙な濃淡が楽しまれた。

ところで、ここまでの間に「ノミ色ってどんな色？」という疑問が浮かびはしなかっただろうか。もしそう思った方がいるならネーミングの勝利、人の興味のきっかけになる情報の出し方ができているということだ。ちなみに、ノミ色とは紫がかった茶色のことで、布地として見るとなかなか上品。パステルカラーが流行っていたロココの時代にはかえって目立っただろうし、そうでなくても、もともと自然の景物が好きなアントワネットにとっては、一風変わった、それでいて魅力的な色と映っただろう。

名作マジカルバナナの由来

さて、私は最近の流行の口紅の色から、この古いエピソードを思い出したが、新しい流行を生むときにはその逆も有効だ。たとえば、往年のクイズ番組『マジカル頭脳パワー!!』の人気コーナーに「マジカルバナナ」というゲームがあった。あれはまさに過去に学び、新味を加えて新たな価値をつくった例だ。

ゲームを考案した五味一男さんによると、あれは平安時代の子どもの遊びがヒントだという。当時、雲は白い、白いは餅、餅は伸びる……というふうに、言葉と言葉を「は」でつなげて連想していく遊びがあった。それを、現代風に「といったら」に置き換え、リズムがよく印象に残る「バナナ」を添える。そして、「マジカルバナナ　バナナといったら黄色、黄色といったらヒヨコ……」という要領で、テレビの前の人も一緒に答えを考えられるリズムゲームに仕立てたのだ。マジカルバナナでは、連想される言葉がうまく浮かばないと負けになる。このゲームはおおいに流行し、当時はもちろん、番組が終了したいまでも独立した遊びとして生き残っている。

ちなみに、なぜ私がこんな話を知っているかというと、五味さんとは『最強の頭脳　日本一決定戦！　頭脳王』など、いくつかのお仕事でご一緒してきたからだ。キャリアのごく初期にあの方に出会えたのは幸運としか言いようがなく、楽しく厳しくたくさん鍛えていただいた。

なお、先ほどバナナを「添える」と言ったとおり、マジカルバナナの肝《きも》はバナナでなく「といったら」だ。この言葉がなければ次の言葉への発想の転換は起こらず、ゲームに動きが生まれない。五味さんいわく、「よく『どうしてバナナなんですか』って聞かれるけど、そっちじゃないんだよなー」だそうだ。

過去の歴史をいまに活かす

ノミ色に話を戻すと、あのエピソードについて私には確信に近い妄想がある。一般に、ノミ色はルイ一六世がマリー・アントワネットのドレスを見て「ノミの色みたいだ」と言ったことから着想して名づけられたといわれるが、これにはある種のプロモーションかもしれない、と思わせる節がある。というのも、ノミ色自体は彼らが生きた時代よりずっと前、一四世紀に一度流行していたからだ。

つまり、まったく新しいカラーというわけではない。どちらかというと、時代遅れすぎて誰も流行と認識しなくなった色だっただろう。では、そこに「王様のふとしたひと言から生まれた色」というプレミア感とおかしみをくっつけたらどうか。単に「昔の流行り」と説明する場合に比べ、格段にウケそうだ。

実際、アントワネットの衣装係でファッションデザイナーの先駆といわれるローズ・ベルタンは「新しいものとは忘れられたものに他ならない」という言葉を残している。ということは、少なくとも過去の歴史を当時に活かす姿勢はあったはずで、であればもしやノミ色も……と思えてくる。

新しいものを生み出すのなら、まず過去を探る。これはドレスやクイズに限らず、様々な業種に通じることではないかと思う。ひょっとしたら、例の口紅だってベルタンたちのエピソードから発想されたのかもしれない。たとえそうでなくても、企画を立てた人のうちひとりくらいは、マミーブラウン（ミイラの茶色）やピジョンブラッド（ハトの血）といった、一風変わった、しかし美術や宝石界隈では有名な色の名前を知っていただろう。とかなんとか妄想しつつ、攻略難度の高い会議のために、武装代わりの化粧をする。今日の口紅はややくすんだローズレッド、その名も「ラスボス」という。

手紙の文字から読み取れるもの

突然だが、私は人の筆跡を見るのが好きだ。字にはその人の性格や生い立ち、ふれてきた学問の系統などがにじむため、筆跡鑑定などしない一素人から見てもとても面白い。そう気づいたきっかけは、クイズと日本文学だった。

私の場合、偉人のエピソードからクイズをつくるのが好きなので、彼らが残した手紙を素材として読むことがある。また、日本文学、特に古典の研究では、古い時代の手書きの文字をたくさん読む。このようなことをしていると、つい字から色々なことを想像・判断するようになるのだ。

たとえば、字の形には流行がある。基本的に、当時の権力者がよしとしたものが流行るので、字からだいたいの時代がわかる。これは花押《かおう》（サインのようなもの）として図案化された字も同様である。一族で似た形にしたり、主君の真似をしたりするので、書き手の地位や身分をうかがうことができる。

また、字の崩し方のレベルからは、送り手と受け取り手の関係が垣間見えることがある。たとえば、江戸時代、庶民が文字の読み書きをよくするようになったころには、明らかに目上の人に対しては楷書に近い書き方をし、親しい人や目下の人に対しては崩し気味に書く文化があった。

当時の手紙の指南書を見ると、誰に送るかによって字を書き分けた文例まで載っている。なかには、あまり書き物などしたことのなかった人が、必要に迫られてきちんとした手紙を書かざるをえなかったんだろうなぁ、と想像がつくものもある。

それというのも、文面はきっちり硬い印象なのに、字はところどころ横棒が多かったり、込み入った画がくちゃくちゃごまかされていたりと、日常生活で崩し字しか書いてこなかったがために字本来の形を覚えておらず、明らかに無理をしていることが察せられる手紙があるのである。

四〇〇〇年前のいざこざ

古い古い粘土板の手紙にも、興味深いものがある。

たとえば、大英博物館に収められた約四〇〇〇年前の粘土板に、貿易を生業とするナンニさんが知人の悪徳商人エアナーシルにあてた、世界最古の苦情申立書（なんとこの内容でギネス世界記録に認定！）がある。

ナンニさんによると、彼はわずか五〜六グラムの銀の借りがあったために、エアナーシルから約束と違う質の悪い銅を渡され、品質について話し合おうとしたら使者がひどい仕打ちを受けたという。それだけなら「借りを返してなかったあんたも悪いんじゃない？」と言いたくなるのだが、エアナーシルの悪行は他の複数の粘土板にも記録（！）されており、あくどい商売をしていたことに間違いはないようだ。数千年の時を超えて悪評が伝わるとは、ある意味筋金入りである。当時の人々にとってはお金が絡む真剣な話だったろうとは思うが、思わず笑ってしまった。

私はこうした歴史上の発見をクイズにし、ときに雑学本や今回の本のような原稿に入れるなどして活用している。現代のことであれば、「それ誰？」と言われるような人物について紹介しても一顧だにされず終わるのがオチだが、時代を遠く隔てた人の場合、いまと変わらぬ感情のやりとりや、あるあるの話があったことに興味をもってもらえるし、逆に現代とは違った様子に新鮮さを覚え、面白がられることもある。

このような理由で、判読や理解の困難さから他の人があまり手を出さない「手紙」は、私にとってネタかぶりが起こりにくい、作問のための有効なヒントとなっている。

人に合わせて字体・文体を変える

なお、様々な人の筆跡や手紙を見るようになってから、私自身の書き方も少し変わってきた。よくやるのが、ビジネスの場では字の上手下手にかかわらず大きくはっきりした字画で書き、個人間のやりとりでは伝えたい内容や感情の度合いによって漢字とかなのバランスを変えるということだ。

大きくはっきりした字は、（実情はどうあれ）自信を感じさせ、相手の安心感につながることもある。ときには、初めて挨拶させてもらった人がなぜか私を以前から知っている様子で、理由を聞いたところかつて私の提出物を見る機会があり、記憶に残ったのだと言っていた。そのときの字の書き方と判子の使い方が印象に残ったそうで、こちらが名乗ったときに「もしかして、あの人か！」と気づいたらしい。その方は現在も仕事上の重要なパートナーだ。

個人間のやりとりでも、工夫の仕様がある。たとえば、漢字・かなのバランスを変えるのである。一例を挙げれば、「嬉しい」でなく「うれしい」と書くと、相手にふんわりとした感覚が伝わり、自ずとコミュニケーションがよくなる、と私は（勝手に）思っている。案件によって字体や文体を書き分けるというのは、けっこう効果があるのではなかろうか。

ミジンコと見つめあう

ぽっちゃり系の一つ目小僧——初めてミジンコを正面から見たとき、そう思った。教科書に出てくる彼らはたいてい横向きなので、丸っこい体にパヤパヤした触角のどこかかわいい生き物というイメージがあったのだが、教養番組の調べ物で出会ったミジンコの正面写真は、広げた触角が手を挙げて迫ってくるオバケのようにも見えて、なかなか刺激的な姿だった。

なぜこんな情報に行きついたかというと、企画会議に「ミジンコは危険を感じるとちょっと尖る」というネタを出した人がいて、その情報の確かさを調べる必要があったためだ。これは、近年知名度が上がりつつある雑学で、「ちょっと尖るが完了までには丸一日かかり、その間に他の生き物に食べられてしまう」というざんねん系のトリビアとして出回っている。ただ、ミジンコに関する研究を確認し、専門家と何度かやりとりしたところ、この取り上げ方は情報を紹介する側が面白おかしく言っている面が強いとわかった。

実際には、ミジンコのトゲ（首の歯の意で「ネックティース」という）は親の胎内にいるときに形成されるので、丸一日かかったところでミジンコにとっての危険度はさほど変わらない。また、ヒトから見ればごく小さなトゲでも、ミクロの世界ではきちんと効果がある。というのも、ミジンコの主な捕食者にはある種の力の幼虫、ボウフラがいるので、彼らの口に収まりづらいサイズになれば食べられにくいのである。このとき、例のネックティースが役に立つ、というわけだ。ただし、こうして尖ってみても、ボウフラよりさらに大きい魚などには食べられてしまう。これが、例の雑学の正体だった。

うーん、会議でどう報告しよう。視聴者には正確な情報を届けたいし、このネタを出した人は面白さを諦めたくないだろう。色々バランスを取った結果、単に他の生き物に食べられるとするのではなく、「その間に他の生き物に」を「小魚などに」と変えることにした。小魚は、ボウフラよりもはるかに大きな生き物なので事実の範囲内であるし、トゲが尖っても食べられるというトホホな部分は担保される。そのうえで、このネタを紹介するのはまあいいとして、ちゃんと意味のある行動なのでざんねん方向ではあまりトークを広げないでほしい、と担当のディレクターに要請した。

なお、この一連の検討は、放送尺にして十数秒のためのものだ。情報の精査だけで三週間以上、その後の映像制作・確認作業にもさらに時間がかかっているが、不特定多数の人の目にふれ、批判にさらされやすい媒体に情報を流すには、ほんのわずかな取り扱いであっても、これくらいの労力が要る。

ミジンコと付き合って

さて、ぽっちゃり系の一つ目小僧が手を挙げたままになっているので、そっちの話題に戻ろう。さきほどのミジンコが尖る話には続きがあり、もしスタジオが盛り上がった場合には追加情報を出そうという準備があった。その内容が「ミジンコは眼がひとつ」というもので、この点についても裏取りが必要であった。

よく見る横向きスタイルのミジンコは、ヒヨコを連想させるフォルムにちょこんとつぶらな眼がついている。眺めていると勝手に「体の向こう側にももう一個あるんだろうな」と想像しがちだが、実は彼らの眼はひとつで、正面からだと顔の真ん中にぽっかりと黒い何かがあるように見える。

ただし、より詳しくいうと、「眼がひとつ」というのも微妙に間違っている。というのも、生まれてすぐは目が二つあり、それが融合（！）してひとつ目になる。さらにいえば、種類にもよるものの、ミジンコの多くは大きな複眼（これがいわゆるひとつ目に見える部分）と比較的小さい単眼をもっている。そして、複眼を構成するひとつひとつ（個眼）まで数えれば、大量に眼があるといえる。というわけで、「ミジンコは眼がひとつ」は正確とはいいがたいと判断し、逆に眼がたくさんあるという追加情報への差し替えを依頼した。

……なんだか「ミジンコ」って向こう二〜三年分は言った気がする。例のリサーチにこの原稿と、もはやミジンコに向き合いすぎてその眼に吸い込まれそうな心地さえしてくる。でも、彼らの眼はどうやら明るさを判別するくらいの使い道だそうな。ミジンコを覗くときミジンコもまたこちらを覗いて……くれないんだろうなぁ、たぶん。

「その番組、私やってないんですけど……」

クイズが「クイズ」という名で広まったのは戦後のことで、以来数十年の長きにわたって様々な企画が生み出されてきた。これだけの年数やっていると、当然似たイメージの番組やイベントもあるわけで、時折私の関わっていない企画なのに、「観たよ！」「参加したよ！」という報告が寄せられる。

なかでも味わい深いのは、担当している案件をわかりやすくパ、ク、っ、た、もとい、オ、マ、ー、ジ、ュ、した企画について、「近藤さん、あれ関わってたよね。今回の面白かった〜」という連絡がくるときだ。それ、ちゃうのよ。私がやってるの、それのもとになった方……！

とはいえ私は、この手の連絡が嫌いじゃない。なぜかというと、相手がクイズを通して私を思い出してくれた、面白いと感じた企画にこちらが関わっていると思ってくれた、生きている時間の一部を私とのコミュニケーションに割いてもいいと考えてくれた、そんなことの表れが例の間違い連絡であるからだ。

こうしたやりとりが発生したとき、単に「関わっていない」とだけ言うと向こうが申し訳ながるので、こちらはこちらでなにかひと言添えて返すことにしている。たとえば、オマージュ企画（きれいな言い方だなぁ）を実際に観て、楽しいと思える点を探すなどする。内容に共感できる部分や新しい工夫があれば、こちらは勉強になるし、その点を伝えると相手の気も楽になるようだ。そのためならば、私があちらの企画を観ることで発生するTVerの再生回数くらい差し上げようというものだ。

この手のやりとりに限らず、取り返しのつく次元の間違いは、楽しめるポイントを見つけて対応すると、気持ちが楽になる。

先日実際にあった例でいうと、動きがにぶすぎる取引先の案件にメールを返すとき、宛名の「○○様」が「○○さあ」になってしまった。しかも、「お手数ですが」が「お手薄ですが」に。それぞれパソコンのローマ字打ちで、様の「m」が抜け、手数の「s」の位置が入れ替わっただけなのだが、図らずもタメ口＋丁寧めの嫌味のようになって、ちょっと笑ってしまった。幸い、この間違いにはすぐに気づいたので、先方に送信してしまわずにすんだ（けど、ちょっとそのまま送ってみたくはあった）。

そうこうしているうちに、先方に対するネガティブ感情はどこかにいった。なにか事情があるんでしょうよ、くらいの気持ちになれて、いいタイミングでいいミスが起こってくれたもんだ、と思ったものである。

カーテンのシャーッというやつの名前

気になる。ものの名前の由来が、とにかく気になる。

スプーンはなぜスプーンというのか。スマートフォンはどの辺がスマートなのか。カーテンのシャーってなるやつにそもそも名前はあるのか。私の頭のなかでは、日々そんなことが渦巻いている。

これはもはや、クイズ作家の職業病といってもいいかもしれない。クイズでは、日常生活で見かけるものの名前や由来がよく出題され、その身近さゆえに「へえ！」と興味をもたれやすい。そのため、作家には多かれ少なかれ自然とオモシロ語源の蓄積ができていくのだが、私の場合、特にこの手の問題を好むため、〝由来気になり病〟の症状はだいぶ重い。

右に挙げたものでいえば、スプーンは古いアングロ・サクソンの言葉で木片やかけらを意味するといわれる。おそらくもとは、専用の食器などはなくて、その辺にある食べ物がすくえそうなものを使って間に合わせていた名残だろう。

また、スマートフォンの「スマート」は、英語で「賢い」の意だ。インターネットと相性がよくパソコン並みの性能があることからこう呼ばれている。そういえば、中学生のころ英語の先生が「スマートは日本ではほっそりしていることをいうけど、英語圏ではその意味はない」と言っていた。なるほど、こういうことか。

それで、カーテンを開け閉めするとき音が鳴る部分については、調べ方自体に迷ったので、「カーテン シャーってなるやつ」とネット検索した。すると、出るわ出るわ。私以外にもあれの名前が気になった人はいるらしく、「『カーテンのシャーのやつ』の正式名称ってなんですか?」「カーテンのシャーってするやつ探してます」など、いろんな質問や要望が並んでいる。果ては、『週刊少年ジャンプ』で連載されていたマンガ『銀魂』で、あの部品を気にしすぎるキャラクターがいるという話まで出てくる。そんな迷える人間たちに向かって、グーグル先生がAIによる概要とやらを出してきた。

——カーテンレールに引っ掛ける輪っか状の部品で、カーテンを横へ引っ張るとシャーっと動き、カーテンを開閉できる仕組みになっているのが「ランナー」です。

へえ、ランナーっていうのか！　もとのつづりはrunner。走者を表すのと同じ英語だ。にしても、AIの「これでしょ」とばかりに情報を出してくるところに、うっすらとヒト臭さを感じる。「ランナー」とかっこ書きにして、その部分をわざわざ色付きで示してくるのも、ちょっとドヤ顔風でいい。機械とヒトとの対話って、もしかしたらこんなのをきっかけに始まるんだろうか。知らんけど。

有効な「といわれる」「とされる」

数あるものの名前のなかでも、名づけた人の思い入れが特に詰まっているものといえば、社名や人名だ。たとえば、カメラで知られるキヤノンは、「観音」やその名を冠するカメラの試作機、および英語で「聖典」や「規範」を意味するCanonに由来する。カルビーは「カルシウム＋ビタミンB1」で、人の健康に役立つ商品を目指すという心意気を表している。飲料メーカーのサンガリアは、有名な漢詩の一節「国破れて山河あり」の後半部分をもじったものだ。また、人名でいえば、ナポレオンはナポリのライオンであるといわれるし、森鷗外は旧居にちなんで東京・千住の「かもめの渡しの外」の意であるとされる。かもめの渡しは吾妻橋の上流にあり、吉原をさす名称だ。遊興の地に近寄らず、遠く千住に住むということである。

なお、右の部分で「といわれる」「とされる」が頻出しているのには、理由がある。というのも、こうした語源・由来系の情報では、日々〝諸説あり〟と戦うことになる。面白い由来を聞いても学問的に根拠のない民間語源であったり、たとえ研究されていても定説には至っていなかったりすることは多い。その場合、「○○です」と言い切ることが難しいので、スパッとネタを見送るか、伝えたい気持ちを大切にして間違いではない表現に落とし込むかを選ぶことになる。

見送らずになんとか成立させようとするとき、「といわれる」「とされる」はかなり有効だ。というのも、専門家や確かな文献にあたり、紹介したい内容の説が実際に存在するのであれば、「○○といわれている／○○とされている」は事実の範囲内である。特定の説以外を排除する表現ではないので、そういう面でも利用価値がある。

「次のうち」も使える

同様に、択一クイズで使う「次のうち」も便利だ。たとえばこんな例がある。

【問題】

春の語源はどれでしょう?

A:植物の芽が「張る」　B:学校や職場に「入る」　C:景色が「映える」

実は、この問題は成立していない。天気が「晴る」などの別の説への目配りができておらず、解き手からツッコミが入る可能性があるからだ。でも、「次の̀う̀ち̀、春の語源といわれるのはどれでしょう?」と直せば使用可能である。その場合の答えはAだ。

「次のうち」でクイズの解答の対象となる説を限定し、「といわれる」でクイズの外にある別の説を排除しないようにする。こうした技術を使い、作問者はできるだけ事実に忠実、かつ解く人が「明日誰かに話してみたくなる話題」を提供するよう心がけているのである。

なお、これだけ調整しても、諸説あるクイズは出題の優先順位を下げることがある。それはやはり、端的に言い切った問題の方が解く方も出す方もすっきりするからだ。仮に、受け取り手が「へえ!　そうなんだ!」と思った後、誰かに広める前に一応自分でも調べてみたとする。そのとき、別の説がずらずら出てきたら、どうだろう。面白さは半減するし、細かい言い回しまで覚えていない人のなかには、間違った情報を伝えられたと憤慨する人もいるかもしれない。

そのため、私がこの手のクイズを出すときには、解説で「他にもこんな説がありますよ」と添えることにしている。すると、諸説を含み「へぇ！」といえる要素を増やす方向で使えるので、解き手はガッカリせずにすみ、こちらも情報に誠実でいることができる。

名前を知ればパフォーマンスが上がる

突然だが、「ラテマネー」という言葉をご存じだろうか。これは、コーヒーのラテ一杯のように少額ながら習慣的に消費してしまう金額のことだ。この言葉はアメリカで生まれ、日本でも近年、節約術に関する記事や特集などでよく見られるようになった。

ラテマネーという言葉が出てきた場合、たいていは「日常の『なんとなく消費』を減らそう」といった文脈の話になる。そういった展開ももちろんすてきなのだが、私の経験上、この言葉とその意味を知っているだけでも、お金の使い方や生活のモチベーションが変わる。

たとえば、徒歩も可能だがちょっと遠い場所まで行く場合、面倒になってついタクシーを使うことはないだろうか。一回当たりはさほどの金額ではないが、それが習慣化するとやはり大きな支出となる。このとき、ラテマネーという言葉を知っていれば、「これはラテマネーで、無駄遣いだ」と気づくきっかけになる。単純な話、タクシーに乗らずに歩く選択をするかもしれない。

ただ、私がより重要だと思うのは、ラテマネーになりえるものをどう捉えるかという思考である。さきほどのタクシー代でいえば、新規案件のキックオフのために取引先の社屋に行く場合、最寄り駅まで来たもののそこから徒歩二〇分かかる、といった場合などである。この距離は、なにか事情がない限りまあ歩ける距離である。

そんなとき、単純に楽をするための乗車であればラテマネーだが、「道に迷いがちな自分でも間違いなく余裕をもって到着したい」「突然の土砂降りで濡れたスーツで先方にうかがうのは避けたい」といった理由があれば、それは必要な投資だ。このように、ラテマネーという言葉を知っていることは、自分の選択が浪費か投資かを判断するのに役立つのである。

また、前にふれたパーキンソンの第二法則「支出の額は収入の額に達するまで膨張する」に関していえば、個人の生活なら、年収が上がったとき必要がないのに以前よりちょっとよいものを買うようになっていないかを見直すきっかけになりえる。

組織運用の経費なら、予算内に収まっているからといって料金が高い業者を特段の検討もなく使っていないか見直す機会になる。このように、気になった言葉からその意味を調べ、自分の行動の点検に利用するのは、ひとつの知恵である。

身の周りにあるものの名称調べ

こうした事情から、私は身の周りのあ、、ある、、現象の名前を調べることが多い。以下は、個人的に面白いと感じ、クイズや生活に活かしているものだ。

【興味をもったことの情報が突然、次々入ってくるようになった！↓カラーバス効果】

カラーは color、バスは bath、すなわち「色の風呂」といった意味の言葉だ。特定の事柄（色）が気になりはじめると、それに関する情報がまるでお湯を浴びるかのように得られるようになることから名づけられた。

これは、あることに興味がある場合とない場合では同じ情報を得ても記憶への引っかかり方が違うこと、以前は別個の知識として処理していた複数の情報を効果的に結びつけられるようになることなどから生じるものと思われる。

この現象を聞いたことがあれば、ものごとに興味をもつことは仕事や人間関係の幅を広げるのに有効で、自分の課題に関するキーワードを考えておくと、のちのち関連情報が集まってきて、課題解決の助けになる。

【今日中に仕上げるべき仕事が終わっていないのに、いま入ってきたメールに対応してしまった↓セルフハンディキャッピング】

やるべき仕事に取り組むのは、意外と面倒くさいものだ。まとまった量があるものならなおさらで、本人に自覚があるかどうかは別として、心理学の世界ではしばしば「先延ばし行動」が報告されている。

その先延ばしの理由が、単に「遊んでいた」「サボっていた」だったら、自分をダメ社会人だと思うことになる。一方で、「仕事のメールに対応していた」「部下の話を聞いていた」であれば……？　そう、言い訳が立ってしまうのだ。

セルフハンディキャッピングは、このようにしてものごとに取り組めない理由・取り組まない理由をもっともらしく生み出す心理作用だ。一般に、やるべきことの成果が出るか自信がないときに生じやすいといわれる。そんなとき、この言葉とその作用を知っていれば、「いまやろうとしていることはセルフハンディキャッピングだ」と気づいて、本来やるべき作業に戻りやすくなる。

さて、ここまで、現象の名前やその中身を〝知っていれば〟と書いてきたが、実際の運用にあたっては、具体名や詳細は忘れてしまってもかまわない。あ、ある現象に名前がついていることをうっすら把握しておくだけでも、自分を望む方向に仕向ける手段があることは記憶に残るし、サボりたい気持ちが起こったときの抑止力として機能させることが可能である。

「知っていること」に「知らないこと」を掛ける

何か人に伝えたいことがあるとき、その入口となる素材は情報の受け取り手にとってなじみのあるものが望ましい。実は、私の場合、ここにもうひとつ掛け算をする。

その掛け算とは、知っていること（なじみのある情報）に「知らないこと」を組み合わせるというものだ。たとえば、以下のAとBでは、どちらが興味深く感じるだろうか。

【問題】

A　静岡県と山梨県の両方にまたがる、日本で最も高い山は何でしょう？

B　第二次世界大戦当時にはアメリカ軍がこれを真っ赤に塗って日本人の士気を下げようという計画を立てていたといわれる、日本で最も高い山は何でしょう？

答えはいずれも「富士山」である。そしてこの二問の場合、私の経験上ほとんどの人がBに惹かれる。Aは、前半が「静岡県と山梨県の両方にまたがる」、後半が「日本で最も高い山は何でしょう？」で、いずれも解き手になじみのある情報でまとめている。対してBは、後半はAと同じだが、前半にはよほどの雑学好きでないと知らない情報を入れている。これが、「知っていること×知らないこと」だ。

なお、富士山を赤く塗る計画は、一般に、一九四五年にアメリカ軍の戦略情報局（OSS）が日本に対する精神攻撃の一端として考案したと説明されるが、アメリカの雑誌などでは、同年にアメリカ軍の大佐が太平洋地域統合情報センター（JICPOA）の司令官にあてた書類のなかに、〝富士山に自然に与えられた色とは異なる色を与える〟という記述があったとされることがあり、実は定説を決めがたい。そのため、興味をもてるよう計画を話題に出しつつ、「といわれる」をつけてまとめている。

「知っていること×知らないこと」は、話し上手な人や知識が豊富な人でなくても使える。

個人的には、むしろ口下手さんやものの売り方に迷っている人にこそ試してほしい。

人の興味につながりそうな情報は、なにも自分の頭のなかになくていい。本なりネットなりを読んだとき、「○○は有名だけど、この点については知らなかったな。面白い」と感じたら、それこそが「知っていること×知らないこと」の組み合わせだ。

そういったネタをみつけるたびにストックし、ここぞというときに話題に挟んでみる。最初はおそるおそるだが、ほどなくして成功例に出会うはずだ。面白いはつくれる！

悩みの〝ワクワクバランス〟をどうするか

クイズ作家がよく聞かれる質問に、「どんなタイムスケジュールで動いてるんですか？」というのがある。そもそも、クイズをつくることが仕事として成り立つことからして驚く人も多いので、その中身となるとさらに謎なのだろう。

クイズ作家のタイムスケジュールは、その人が関わっている案件による、としかいいようがない。放送業界の場合、朝は比較的ゆるやかだが夜は遅めであることが多い。商品や情報を宣伝するクイズなら、九時五時の取引先に合わせて動くことになる。イベントの実施日時は、主に平日の夜や土日祝だ。

つまり、いつでも仕事の可能性がある。ワークライフバランスというより、ワークワークバランス。も少し縮めれば、ワクワクバランス。……うわぁ、この響き、最高に頭が悪そう。でもかえっていいかも。アホっぽすぎて長時間労働を正当化する気がまったく起きない。

こんな調子だから、決まった仕事のすき間を縫って、自分で休みを決めている。好きなのは、平日の真っ昼間に行く展示会の類。とても空いていて快適だ。

クイズから逃れられない

ところが、である。知らない情報が得られる場所に行くと、「あ、これクイズになるかも」といういらん雑念が、もとい、仕事につながる発想が浮かんでくる。クイズはあらゆるものを題材にできる便利なツールなので、耳目に引っかかる様々な情報がネタ元になる。

そのため、やろうと思えばどこでも仕事ができる。逆にいえば、どこにいてもクイズからは逃れられない。

以前からそうだが、ここ数年はさらに逃げづらくなった。作業中に「ちょっと休憩しよう」とテレビをつけると、情報番組やトーク番組で突然クイズが始まる。クイズから離れるはずが、息抜き先でヤツに会う。そんなときは、どうするか。秒でチャンネルを変える！　だってやだもの。自分以外の作品を見ると、知らず知らずのうちに勉強モードになってしまう。面白い選択肢の切り口はないか、諸説ありの情報をどう処理しているかなど、ついつい分析が始まる。

この話をすると、聞き手に「クイズ作家ってそんなかんじなの?!」と言われる。たぶんだが、そんなかんじじゃない、むしろ自ら進んでクイズにふれにいく作家もいると思う。でも、私はこんな調子だ。ほら、米農家でも毎日米だけ食べるわけじゃない。たまにはパンもくださいよ。

右に挙げたステルスクイズ番組を避けるため、そもそも息抜きの時間にテレビを見ないようにしてみたのだが、ぼんやりと電車に乗っていても車内上方にあるディスプレイでクイズが始まるし、ネットサーフィンをしていてもクイズっぽい広告が流れてくる。ひょっとしたら、娯楽が細分化された現代では、人の注意を引くのが以前より難しくなっているのかもしれない。それで、クイズのような、問われるとついそのことについて考えてしまう人間の習性を利用したコンテンツが増えているのではないだろうか。

現実世界はこんな調子なので、いっそ別世界にでも行くかと思い、ファンタジー小説を開いた。話の筋はとても面白い。この本買ってよかったな。でもさっきから、登場人物の名前が気になる。これたぶん、下敷きにしてるの星の名前だわ。あっ、思いついた。

――○○・△△・□□など星の固有名にちなむキャラクターが登場する、作家××のファンタジー小説は何でしょう？

問題できた！　どこで使おう。ちょっと楽しくなってきた。

そんなこんなで、結局クイズに戻ってきてしまった。でも、休憩前よりは格段に気分がいい。というかこれも、ワークワークバランスことワクワクバランスの一種なのではない……？　仕事からは全然離れられていないが、こうやって気分転換が図れるのであれば、頭のネジがゆるそうな響きもちょっと前向きに聞こえてくる。

ウィキペディアの賢い利用法

――「天寿を全うする」というときの「天寿」は二五〇歳。

ある日の企画会議でのこと。ネタ出し係のひとりからこんな情報が出てきて、「へぇ！」と思った。喜寿は七七歳、米寿は八八歳だが、天寿はあくまで天が与えた寿命という意味で、具体的に相当する年齢があるとは思ってもみなかった。あまりに鮮やかだったので、これはやられた！　私もあんなの出したい！　と仕事のモチベーションが爆上がりした。

で、この情報は、結果的にはフェイクだった。きちんと裏をとってみたところ、確かな文献や専門家による保証はできず、ネット上のデマが私のように「へぇ！」と思った人たちによってまことしやかな雑学として広まった、という構図らしかった。

会議に参加していた面々は、泣く泣く天寿のネタを見送った。内容がよかっただけに、大変惜しかった。しかししばらく後、このネタは突如日の目を見ることになる。

あのとき会議室にいた人たちと別の番組をつくったときのこと。このネット社会、もはや暗記に頼るクイズは古いんじゃないかという考えから、暗記でなくインターネットで検索して答えるクイズ企画が立ち上がった。どうせネットを扱うなら、「そこに転がっている情報を鵜呑みにするとデマだったりするよ！」的な気づきになる問題も入れたい。……ん？　デマ？　あれがあるじゃん！

というわけで、「天寿の年齢は二五〇歳。ウソ？　ホント？」という二択クイズが生まれた。情報を検索したタレントさんは、ウィキペディアの記述をもとに「ホント」を選択。答えはもちろん「ウソ」だ。見事ひっかかってくださり、かつてのボツ問が番組の見せ場に変わった。

驚いたのはここからだ。このクイズの答えが出た後すぐ、まだ番組が放送中にウィキペディアの記述が変わった。もともと、ウィキペディアの「天寿」のページには、「二五〇歳のこと」と書かれていた。ところが、テレビの解答発表直後にこの記述が消え、さらには「二五〇歳との情報もあるが、ネットで流布されたデマ情報と考えられる」と加筆された。中の人、仕事速すぎ……！

こうした超高速編集が可能なのは、ウィキペディアが誰でも編集できるオンライン百科事典だからだ。そのため、執筆者に深い知見があるとは限らず、時折内容が間違っていることもある。それでも、ものごとの概要を知るには大変便利だ。ウィキペディアの運用は二〇〇一年に始まり、百科事典としては比較的新しい。ということは、同時代人が「こう説明すれば伝わる」と思った内容や、「この人は立項すべき」と考えた人物のことがたっぷり書かれている。編集履歴も見られるので、現状の文章ができるまでに執筆者間でどのような議論があったかも追うことができる。

海外で出題するときに使える

このようなウィキペディアの性質は、話題選びにも役に立つ。たとえば私の場合、クイズや記事の対象にしたい題材の知名度がどれくらいか、一般的にはどのような捉えられ方になっているか、この事典であらかじめ調べることがある。

多言語で展開されている点もいい。気になる言葉についていくつの言語版があるかを見れば、その事柄の世界的な知名度がある程度推測できる。人物や商品を海外の人に説明するときにも有効だ。仮に同じ歴史上の人物について語るときでも、日本でよく知られている業績と海外の人に言ってピンとくる話はしばしばずれている。

そこで、ウィキペディアの日本語版と情報を伝えたい相手が使っている言語の版を見比べると、このずれがうまく解消できることがある。実際、私がクイズの世界大会の問題をつくるときには、ウィキペディアの複数の言語版を見る。

日本のクイズプレイヤーにとっては簡単な問題でも、別言語での言及が少ないようならば高難度と判断。問題文の内容も複数の言語で説明されている範囲に落とし込むことで、国や地域の違いによって有利不利が出にくいクイズに調整していく。

このように、あるものごとについて、いまこの時代・この時点での捉えられ方を探るには、ウィキペディアはかなり有益だ。誰でも書ける、つまり専門家でなくても書けるという性質上、調べ物の出典にすることはできないが、その糸口には十分になりえる。

そうそう、「誰でも書ける」には多少の例外があり、自分自身に関する項目は原則として編集を避けることが求められている。つまり、知名度を上げたい人が自力でウィキペディアの項目をつくるのはよろしくない。

たまにこの原則を破る人がいて、ウィキペディアの記述が不自然に偏っているので編集履歴を見ると、案の定ご本人による執筆だとわかることがある。なかにはユーザー名（記事を書くときの名前）がバッチリご本名のままという例すらあった。なんというか、味わい深い。

【このビジネスクイズ、解けますか？】

問題1 書類を細かく切って大切な情報を守るシュレッダー。さて、シュレッダーは何から発想を得て生まれた道具？

選択肢 A：鉛筆削り機　B：製麺機　C：自動散髪機

問題2 出張などで使うホテル。日本でチェックアウトがしばしば一〇時なのはなぜだといわれる？

選択肢 A：朝食後の休憩　B：海外のマネをしたから　C：通勤ラッシュを避けるため

問題3 日本の通貨単位「円」を考案した人物は？

選択肢 A：一万円札にもなった「福沢諭吉」　B：初代内閣総理大臣「伊藤博文」　C：早稲田大学の創設者「大隈重信」

問題4

【答えを知らなくても考えればたどり着ける問題】

クリアファイルのこのみぞは何のためにある？

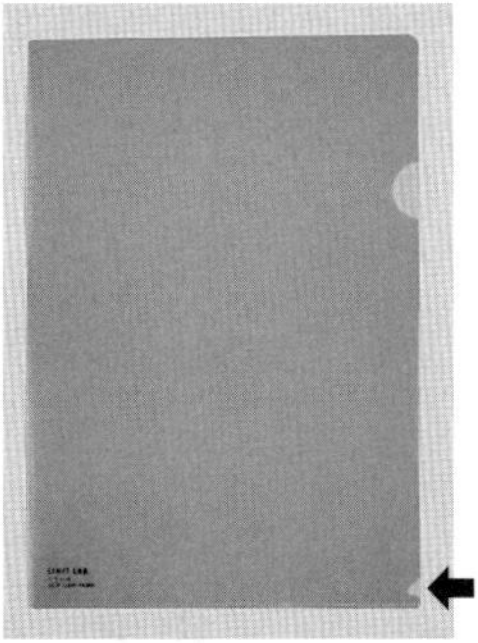

問題5

【答えを知らなくても考えればたどり着ける問題】

食品工場では、よく青い手袋や箱が使われる。その理由は何？

問題1～5の答え

問題1の答え――B：製麺機

解説　ドイツでパスタ作りに使う道具から生まれ、日本でもうどん製麺機をヒントに作られた。

問題2の答え――B：海外のマネをしたから

解説　海外のリゾートホテルのチェックアウトが一〇時ごろであったのを真似したためといわれる。妙に早い気がするのは、海外では休暇で長期滞在する人が多く、チェックアウト後、次の客との入れ替わりまでの時間をしっかり取って部屋を清掃する必要があったためなのだとか。

問題3の答え――C：早稲田大学の創設者「大隈重信」

解説　明治政府の財務責任者で、後に内閣総理大臣にもなった大隈重信。円という名前にした理由にはいくつか説があるものの、従来の四角いお金に比べて持ち運びがしやすく摩耗しにくい円形にするのが適切であることなどから提案したといわれる。

問題4の答え――ファイルが裂けないようにするため

解説　みぞを設けて接着部にかかる力を分散させ、ファイルを長持ちさせるため。なお、上部のみぞはファイルを開きやすくするためにある。

問題5の答え――異物混入に気づきやすいから

解説　自然の食品には、青色のものが少ない。そのため、食品の加工中に道具の切れ端やカビ、洗剤などが含まれたときに気づきやすいよう、近年は青い道具が好んで使われる。工場によっては、従業員が使う絆創膏まで青色。

第2章

ヒントは〝日常〟の隣にある

——クイズは入口であり出口である

クイズで想像力を育てる

クイズでは、しばしば断片的な情報が扱われる。それゆえ時折「そんなの答えて何になるの?」と聞かれることがあり、私もそれにはある程度同意する。

個人的な考えだが、クイズに答えることそのものは、たいして役に立たない。より正確にいえば、社会学の分野からは正解することで自分の有能さ・有用感を確かめるという効果が指摘されているが、クイズでしかこれらを感じられないとしたら、ちょっともったいない気がする。

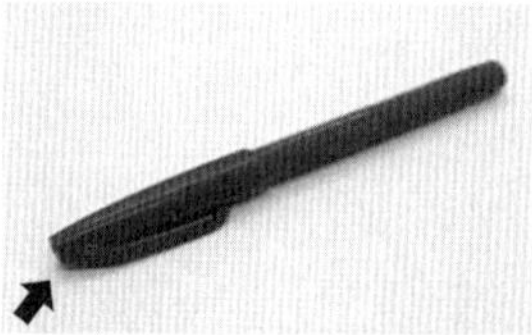

どちらかというと、私はクイズそのものよりも、クイズを通して得たものを他分野で活かせたときや、クイズがきっかけで新しい事実に出会ったとき、他者とのコミュニケーションが活発になったときなどに、クイズが役に立ったなと感じる。

なかでも、私が一番重視するクイズの効能は、想像力が増す可能性があることだ。たとえば、クイズで咳止めのトローチに穴が空いている理由を知れば、サインペンのキャップに穴がある理由も察しがつく。あれらに穴があるのは、万一飲み込んでしまっても呼吸を妨げずにすむからだ。そうとわかれば、自分が開発する商品や人の子どもに贈るプレゼントでもこのようなことを考慮しようと思えるようになる。

「ですが問題」

「ですが問題」とは、問題文の前半である事実を述べ、その後に「ですが」を加えることで、後半の文章を前半とは異なる内容にしたクイズをさす。たとえば、「世界で最も面積が大きい国はロシアですが、最も面積が小さい国はどこでしょう？（答え：バチカン市国）」といった類のものだ。

「ですが問題」は解き手が推測力を発揮できる華のある問題なのだが、私にとっては、様々なものに対して「未知の続きがあるかも」と思える習慣をつける面で役立った。以前は会話のどこかに不快な情報があると心のシャッターが下りがちだったのだが、クイズで「ですが問題」を知り、好きになった後は、いやなことの後ろに全然違う世界が広がっている可能性に思い至りやすくなった。ある意味、自分に対して「待て」ができるようになり、人の話を結論を急がず最後まで聞き切れるようになった。

加えて、情報の見せ方や見せられ方にも目が向くようになった。日本で一般的なクイズでは、問題文の前半にヒントとなる情報を入れ、後半で答えを確定させるのがよくあるかたちなのだが、前半部分に「へえ！」と思える内容があれば、人から面白いと感じられやすい問題になる。「ですが問題」が後ろに重点があるとすれば、この種の問題は前の方に重点を置くわけである。

これを日常会話にさりげなく応用すれば（あくまでもさりげなく。知識を織り込むことが目的になってしまうと、たちまちウザい人間ができあがるので、その点は注意が必要である）、会話の摑みはバッチリだ。

点が線につながる快感

加えて、他者が商品を魅力的に見せようとしている可能性にも気づくことができる。たとえば、クイズで日本のジャガイモの約八〇パーセントが北海道で収穫されていることを知ると、食品につけられた「北海道産ジャガイモ使用」という宣伝に対して比較的冷静（？）でいられるようになる。なぜなら、日本産のジャガイモの多くが北海道産だからだ。産地の分布を知らなければ、北海道のよいイメージだけで「おいしそう！」と思うかもしれないが、データを把握していると、「おいしいイモかそうでもないイモかはわからないな」といった具合になる。人によっては、ダイエット中のポテチへの対処法すら変わるかもしれない。

ついでにいうと、私はこの仕組みに気づいたとき、服のシミはなぜついちゃいけないところにこそできるのか、という疑問に対する答えに思い至った。服のシミが不都合な場所にできるというよりは、表に出ていて目立つ位置だからこそ、ものが飛んでつくと気になる、と考える方が正確だ。目障りな位置についたがゆえに人間側が勝手に不都合に感じ、機嫌を悪くするのである。

ちなみに、クイズで知った断片的な情報、いわば「点」が、ふとした瞬間に「線」でつながる感覚はとても爽快だ。たとえば一〇年以上前、宗教改革家のルターがボウリングのナインピンズを考案したという情報を得た（ただしこんにちのナインピンズとは多少ルールが異なる）。

そのときは、「なんで？　好きやったん？」くらいの捉え方だったが、かなり後になってボウリングの由来を調べたとき、謎が突然解けた。ボールを投げてピンを倒すゲームは少なくとも古代エジプトのころからみられ、中世ヨーロッパでは悪魔退治のゲームとして広まった。そのため、キリスト教の修道士たちは悪魔に見立てたピンを教会の長い廊下に立て、多く倒せれば信心が深い、そうでなければまだまだ修行が足りない、とみなしたのだという。

（それでルターだったのかーーー！）

ボウリングが教会で発達したのであれば、宗教改革家のルターが親しんでいても不思議はない。

この出会いは衝撃的だった。だからクイズはやめられない。

日常のものに疑問を感じる――非常口のマークはなぜ緑色？

非常口のマークはなぜ緑色なのだろう。五円玉にはなぜ穴が空いているのだろう。クイズ作家の頭のなかでは、日々こんな疑問が行ったり来たりしている。

日常生活で目にするものは、人の興味・関心を引く宝庫だ。満足感の高いクイズを出すには、まず「なんでだろう」「答えが知りたい！」と思ってもらう必要があるので、多くの人が見たことがあるものはクイズの格好の題材になる。

なお、非常口のマークが緑色なのは、赤い火の中で目立つからだ。火事で建物から脱出するとき、火に埋もれる色では出口がわからないが、補色にあたる緑ならば見つけやすい。ちなみに、たまに見かける背景が白いものは、非常口そのものでなく、そこまでの経路を示す「通路誘導灯」だ。また、五円玉に穴が空いているのは、現在は主に他の硬貨との判別のしやすさと偽造防止のため、かつては戦後の資源不足の際、経費削減を考えてのことだった。

日常の疑問は、ときに新しい問題を考えるのにも役立つ。ある日ふと、お昼の一二時を「正午」というなら、夜中の一二時にも呼び名があるのでは？　と思った。調べてみたら、本当にあった。夜中の一二時は「正子《しょうし》」だった。これを知ったときには、思わず膝を叩いた。

日本では昔、時間を数えるときに一二支を使っていた。お昼の一二時は午《うま》の刻のど真ん中にあたるので正午という。ここまではご存じの方も多いだろう。そして、午以降も二時間ごとに未《ひつじ》・申《さる》・酉《とり》・戌《いぬ》・亥《い》と進んで一周すれば……夜中の一二時には一二支の頭である子《ね》に戻る。つまり、正子がやってくる。

この気づきは答えがわかったときの納得感も高かったため、さっそくクイズ番組に出した。なお、私は知っているか知らないかで終わる単純な知識勝負があまり好きではない。

そうした面からも、正子のように「答えを知らなくても考えれば解けるかもしれない問題」を出せたのはうれしかった。

余談だが、日常の疑問と並ぶ私の好物には、日常の誤字がある。パソコンで文字を打つとき、フランス料理が腐乱す料理になったり、インフルエンザがインフル怨嗟になったりすると、もうたまらない。前者は「料理でこれはあかん」と言いたくなるし、後者は恨みの連鎖が生じていそうで地味に怖い。そうした誤字に出会うと、私は用もないのに言葉遊びが好きな友達に連絡したり、飲み会の話題にしたりする。偶然の産物は、心のおやつだ。

金魚がいれば銀魚もいる？——妄想を歓迎する

金魚がいれば銀魚もいる？　透明なリンゴってあるのかな？　……これらは私の頭のなかを駆け巡る、日々の妄想の一部だ。

商品開発やクリエイティブ系の企画会議では、職種を問わず「なんか意外性が欲しいんだよね」「見たことないものを提供したい」など、言っている本人も答えがわからないであろう、そして周囲を確実に悩ませるであろう問いが飛び交うことと思う。クイズをつくる会議も同様で、私を含め多くの関係者が、このありきたりな、そして永遠の課題に頭を悩ませている。

そんなときにおすすめなのが、冒頭に出てきた「妄想」である。これまで仕事を続けてきて何度も感じるのが、周囲が「ぜひこの案で進めたい！」と思う企画を多く出せる人ほど、その前段階で妄想を大切にしている、ということだ。

ちょっと考えてみてほしい。

・隣の部屋からカレーの匂いを送り続けたら、その後、匂いを送られた部屋の全員がカレーを食べるんじゃないか

・配偶者や漫才の相方なら、いびきだけでパートナーを当てられるのではないか

これ、もし答えがわかるとしたら、気になりませんか？

この類のことを実際に検証する番組が、TBSの『水曜日のダウンタウン』である。番組内では、言われればつい気になってしまう「説」が多数唱えられ、コンプライアンスが重視され、テレビがつまらなくなったといわれる現在においても、思い切った内容で視聴者を楽しませている。こうした面白い「説」を思いつくには、確かな妄想力（？）が必要である。

究極の二択問題は妄想がつくる

いわゆる「究極の二択」も、妄想を起こさせるものほど人の興味を引く。以下は、どちらを選ぶ人が多いかというクイズとして、過去に検討したものである。AとBの問題、あなたはどちらが気になるだろうか？

A　就職するならどっち？　学校教師　タクシー運転手

B　やるならどっち？　満員の日本武道館でノーギャラライブ　誰も聴いていないひとりカラオケで三〇〇万円ゲット

この二問の場合、Bが気になるという人が多い。なぜなら、Aは当たり前すぎて、意外性がない。Bは「自分ならどうする？」というふうに妄想を喚起される。一銭にもならないけれど武道館で約一万五〇〇〇人を前に自分を評価してもらえる機会か、誰にも見てもらえないけれど確実に三〇〇万円もらえる機会か。

解答は街頭インタビューのアンケート結果で決まる形式でもあったため、「自分以外の人はどう思うんだろう？」という考えが浮かび、興味を引きつける。

「妄想力が足りない！」

このように、妄想はよい企画になり、よい企画は利潤を生む。これはいちクイズ作家の経験則に留まらない。アイデアの必要な業種で長く働き、成果を出しつづけている人の言葉を聞くと、キーワードのようにして、何度も「妄想」という言葉が登場してくるのだ。

たとえば、仕事の企画を考えていたとき、他の人から出てきたアイデアは素晴らしいと思うのに、自分の出した案はどこかつまらなく感じていたことがあった。あまりにボツが続くので、案を出すこと自体が怖くなりかけたとき、厳しいけれど優しく響いた言葉が、「近藤さん、妄想力が足りないぞ！」だった。

この言葉をくれたのは、何十年も業界で生き残っている、大ベテランの制作会社社長だ。思えば、当時はよいものを出そうとしすぎて口が重くなり、ふと浮かんだ案もどこかスケールが小さく75点くらいの位置に置きにいくような調子で、思い切りに欠けていた。それを、「妄想力が足りないぞ！」という言葉で、実現性を気にするのはもっと後でよいこと、堅く考えるよりまずは発想を優先することを教えてくれたのだ。

その数日後、今度は知人の講演会で著書一〇〇〇冊以上の作家さんに出会った。ご挨拶させてもらったお礼をメールで送ると、当日中の素早いお返事と、後日ご著書に添えて手書きの色紙を送ってくださった。

そこにはズバリ、「妄想の共有」と書かれていた。当然、私は数日前のことなど話していない。それでも、人の性質を見抜くのに長けた方なので、当時の私に必要なことを伝えてくれたのだろう。

妄想を引き出す二つのやり方

では、妄想はどのように育てるとよいのだろうか。

私の場合、よく行うのは、「有名なものの隣を探る」と「あったらいいなを調べる」だ。

有名なものの隣というのは、金魚がいるなら、ひょっとしたら銀魚もいるのではないか、と想像することである。これは、「金魚がいれば銀魚もいる。◯か×か」という問題になった（答えは◯）。

あったらいいなを調べるというのは、透明なリンゴがあったらきれいかも↓「リンゴ＋透明」で検索↓ゴーストアップルという、リンゴの周りを覆っていた水分が凍結し、中のリンゴが腐って液状になり流れ落ちた後、氷の殻が木についたままになる現象を発見、といった具合である。

このような妄想の訓練をすれば、意外性のある情報の発見や、面白いのにまだ世にない商品の発案が、少しずつやりやすくなっていくはずである。

ビールの泡はアルコール度数が低いのか？

「常識の一歩先へ」というと、方々で使われすぎてなんだかありきたりに聞こえるが、色々なところで言及されるだけあって、この考え方はものごとを考えるときにとても役に立つ。

たとえば、ビールとビールの泡ではどちらがアルコール度数が高いのか。これは、自分が実際にビールを飲んだとき、わずかに泡の方が濃く感じたことから発した疑問なのだが、深追いしたら興味深い事実が出てきた。

一九四〇年、上野のビヤホールで、客がお店に因縁をつけた。なんでも、この店はビールの泡の量を多くして儲けているのではないか、というのだ。この話は裁判までもつれ込み、ついには泡と本体のアルコール度数を調べることになった。結果、泡の方が度数が高かったためお店はお咎めなし、客側の敗訴となった。

この話は、その後刊行した雑学本『人に話したくなるほど面白い！ 教養になる超雑学』（永岡書店）のネタになった。身近なビールとその泡の一歩先にある「どちらがアルコール度数が高いのか」という疑問が、新しい雑学を成立させてくれた。

余談だが、「アルコール度数が高ければ得」という判断基準が裁判で自然と受け入れられていることに興味を覚える。私もお酒は好きだが、一九四〇年当時の価値観ってそんなかんじだったのね……。

シマウマのたてがみの色は？

もうひとつ例を挙げてみよう。「シマウマ」といえばあの白黒の縞模様のウマだが、こういう問題ならどうだろう。

【問題】
シマウマのたてがみの色は何色でしょう？

A：白
B：黒

C：白黒

この問題の答えは「C：白黒」。シマウマの縞は、他の動物から自分の姿を隠すのに役立つとされており、それが一部だけ単色だと逆に目立ってしまう。そのため、白黒であることが合理的で、実際そうなっている。

この問題は、『クイズ！　あなたは小学5年生より賢いの？』で出題したもので、解答者のタレント弁護士さんがしっかり迷ってくれた。オンエアでも時間を割いてたっぷり放送され、観た人に楽しんでもらえたであろうこと、番組の放送にきちんと貢献できたことを、とてもうれしく思った。

この問題をつくった理由については、ここまで読んだ皆さんはきっとお気づきだろうと思う。そう、シマウマは知っているけれどシマウマのたてがみの色ははっきり認識する機会が少ないという、常識から一歩進んだ情報で構成してみたのだ。

クイズに限らず、この手法はプレゼンや商品の販売に活かせる。常識から一歩進むということは、相手の興味の範囲内の話をすることで門前払いを防ぎ、相手が知らない内容で「へえ！」と興味をもってもらえるからだ。このことは、以前話した「知っていること×

知らないこと」に通じる。実際に街で見かけた例としては、こんなものがあった。

・紅茶＋マリー・アントワネットが飲んだ味
↓ニナス・マリー・アントワネットという名前で販売されている人気の紅茶がある。

・桃太郎＋実は芥川龍之介版がある
↓『桃太郎～芥川龍之介 ver.～』というタイトルで舞台化された。ただの桃太郎でなく芥川バージョンであることで付加価値を出し、お客さんを呼べる舞台に仕上げたのだ。

ところで、「常識の一歩先」といわず、いっそ二歩先、三歩先まで進むとどうだろうか。結論をいえば、これはたいていうまくいかない。

・ボールペン＋海外ではビロと呼ぶ地域がある
・美容師＋指と爪の間にお客さんの髪が刺さると痛い

どちらもギリギリ「そうなんだ」とはいえるが、「へえ！」といった大きな感情の動きは起きない。同じ素材なら、おそらく以下の方がまだ興味をもってもらえるだろう。

・ボールペン＋一般的なボールペンは宇宙で使えない
・美容師＋日本にある美容院の数は、日本にある信号機の数より多い

前者は、近年開発された無重力下でも書けるボールペンの宣伝に使えるかもしれない。後者は、美容専門学校が、美容師の卒業後の就職先が豊富であることをアピールし、生徒を獲得するときなどに利用できそうだ。

手締めの怪

めでたい催しの最後には、よく手締めが行われる。主催者が「一本締めで！」と言えば、その場の全員が次々と手を開き、「ヨーオ」

皆　パン
私　パパパパン

うそやん……！　私だけパパパンて！

頭を駆け巡る三重弁。周囲は酔っ払いばかりなので、びみょーに締まらなかった締めを気にする人はほとんどいない。それでも、やった本人はだいぶはずかしい。

(だって一本締めって！)

——パパパン　パパパン　パパパンパン
これのはずだ。一度だけ手を叩くのは一丁締め。言葉の違いを扱う記事や番組でよく題材になる知識だ。

まあまあまあ。私の認識不足の可能性もある。さっそく帰りの電車で調べてみると、一丁締めは関東一本締めともいうらしい。どうやら、東の方では一本締めといいつつ一丁締めが行われることが増えた結果、こう呼ばれるようになったようだ。人の数が多い地域で、特に路上などで群がってやる場合など、周囲に迷惑をかけまいとするなら、この手のものはたしかに簡略化されていくだろう。うん、勉強になる。

そして後日。やはり東京都内。

「それでは皆さま、一本締めで。お手を拝借、ヨーオ」

私　パン

皆　パパパン　パパパン　パパパンパン

おいーーー！　今度はそっちかい！　なんだか、一本締めと一丁締めをまっすぐ間違えた人みたいになった。

この一連のできごとでは、知識がまったく役に立たなかった。というか完全に裏目に出た。初対面の人にクイズ作家だと名乗ると、よく「知識が豊富じゃないと務まらないお仕事ですね」などと言われるが、様々蓄えたところで実際はこんなもんだし、私はあまり知識を信用していない。

たしかに、知識はあると便利だ。それによって効率化できること、失礼をはたらかずにすむことも多々ある。ただ、信じ込むと思わぬ落とし穴がある。周囲の了解事項と自分の知識がずれた場合、本来の意味を把握しているのがこちらであったとしても、ひとり浮いてしまう。先の一本締め、一丁締めを思い出してもらいたい。日常生活ならともかく、仕事や儀式が絡むときには、相手から反発を買うこともある。

知識は辞書代わり

そこで私は、知識を辞書代わりに使う。実感したことがある方もいると思うが、辞書の記述は参考になると同時に、ふだん使いの言葉の意味とは乖離していることがままある。これと同じことが、知識でも起こる。そんなとき、ものをいうのは生の体験だ。この「体験」の範疇には、過去の経験とその場の観察の両方が含まれている。

ずっと宴会モードで恐縮だが、例の手締めであれば、色々あった後、周囲の手の開き具合を見るようになった。具体的にいうと、パンと一回叩こうとしている手は大きく思い切りよく開かれることが多いが、シャシャシャンと回数を重ねるつもりなら、手の開きは小さく控えめになる。これに気づいてからは、周りとのズレが減った。

なお、業務や話し合いなどなにかはっきりした目的がある場合には、手拍子と同じというわけにはいかない。自分の考えと相手のやり方が違うことに気づいても、あえて合わせにいかないこともある。先方がよしとしている方法に与したくないときや、まだ議論の余地があると思っているときにそうする。

余談だが、手の叩き方と体験の組み合わせでいうと、拍手には人の来歴や人づきあいの姿勢がよく出る気がする。あくまで私の出会った範囲でいうと、何かを主催したことがある人や、人前に立つ仕事をしている人は、拍手が大きい傾向がある。

たぶん、こういう人は拍手の力を知っているのだと思う。仕事で新たに発表するものが受け入れられるかわからないとき、その場に居合わせた人の拍手でほっとすることは多い。これに気づいてからは、私自身、拍手は長めに、本人まで聞こえやすい音量でするようになった。ちゃんと届いていますように。

情報を体験しにいく

「もってのほか」「おばけ」「お坊さんの気絶」――世の中には「なんで⁇」という名前の食べ物がたくさんある。こういった食べ物は響きの面白さからクイズにしやすいため、私のネタ帳にも多数のストックがある。

ちなみに、「もってのほか」は食用菊の横綱ともいわれる品種だ。天皇家の御紋に通じる菊を食べるとは「もってのほか」、または「もってのほかおいしい」という意味で名づけられたといわれる。「おばけ」は漢字で書くと「尾羽毛」。クジラの尾びれの部分で、羽のような形であることからこう呼ばれる。「お坊さんの気絶（イマム・バユルドゥ）」はトルコの料理。揚げたナスに香辛料の効いたトマトやタマネギを詰めてさらに煮たもので、その香りやおいしさからイスラム教のお坊さん（イマム。指導者）が気絶（バユルドゥ）

してしまうほどだという意味のネーミングだ。
ここで、次の問題を解いてみてほしい。ただし、それぞれの問題文は途中までしか書かれていない。

【問題】

A　羽のような形から名づけられたクジラの尾びれの別名……

B　ゆがいたゼラチン質の身を酢味噌などにつけて食べる……

これらの答えは、A・Bともに「おばけ」である。Aの問題文はすでにふれているので、答えが何であるか想像がついたと思う。一方で、Bはどうだろうか。この情報は、実際におばけ（尾羽毛）を食べたことがある人ならすぐにピンとくる難易度なのだが、実際のものを知らない人にとっては何を指しているか、ほぼわからないと思う。
この現象は、クイズの大会で頻発する。たとえば、次の問題をみてほしい。

【問題】

C　剣道で使う防具とは、面・小手・胴と、あとひとつは何でしょう？
D　剣道の選手がゼッケンをつける位置は、どの防具の部分でしょう？

この問題の答えは、どちらも「垂《たれ》」だ。剣道で下腹部を覆う防具である。クイズの世界には、「ベタ問題」と呼ばれる、ベタっと手垢がつくほど何度も出題されている問題がある。Cはそのひとつで、大会によっては面の「め」くらいまで読まれた時点で早押しボタンが押され、間にある文章をすっ飛ばして「垂」と正解されるレベルで頻出する。

一方で、Dは剣道経験者にとっては簡単な問いだが、実際に剣道にふれたことがない人には答えにくい問題だ（わざわざ「垂」のことまで調べる人は少ない）。

A〜Dの問題を通してわかることは、知識と体験が揃うと強いということだ。クイズばかりつくっていると、頭でっかちになりかねないので、私は常に実地の刺激を入れることを心がけている。

話題の場所へ行ってみる

特によく行うのは「クイズベタを食べる会」「クイズベタを見る会」だ。これは、ベタになっているものを実際に食べたり見たりするもので、会といいつつひとりでも催すこともある。仲間内で行うときは、話し相手がいる分にぎやかで、イメージと違うだの、定番の問題文の内容が嘘だっただの、ああでもないこうでもないと楽しんでいる。

たとえば、シンガポールのマーライオン。よく「世界三大ガッカリ」などといわれるが、実際に見るとそれなりに大きく（約八・六メートル）、そこまでガッカリはしなかった。現地に行ってわかったこととしては、マーライオンの裏に、背中合わせでもう一体マーライオンがいるということだ。他の場所にもあって、政府公認のマーライオンは六体ある。

また、「東映映画のオープニング『荒磯に波』が撮影されたことでも知られる、千葉県銚子市にある岬の名前は何でしょう？」という問題をもとに、関東最東端の犬吠埼《いぬぼうさき》まで行ったこともある。現地は、外海から遮るものなく強い海風が吹きつけるため、映画で観たそのままの景色が広がっていた。

また、現地にある犬吠埼灯台は明治七（一八七四）年に完成・点灯、国の重要文化財である。実際に上ると、周囲に岩が多い環境であるため、たしかに灯台が必要であったであろうこと、灯台の明かりをつくるレンズは想像よりずっと大きなものであることなどが体感できた。

知識が身体を守る――ありがとう、タンポポ

植物に謎の答えを教えてもらった――こんなことをいうと、新手のファンタジー？　スピリチュアル？　と構える方もいそうだが、私は最近、ごく現実的ないきさつで植物に助けてもらった。

先日、夜中に急ぎの作業をしていたところ、なぜだか喉がかゆくなってきた。風邪かな、何かな、と思いつつそのとき飲んでいたお茶で喉を潤して乗り切ろうとしたのだが、症状は少しずつひどくなってきた。ただ、このかゆみは、一度寝ると治るのだ。そんなことが数回続いたある日、突然ピンときた。ヒントになったのは、かゆみとは一見無関係な「タンポポ」だった。

遡ること数年前、私はいつもどおりクイズ・雑学用にネタを拾おうとしていた。近年はインターネット上の話題が新しい知識の扉になることも多く、季節柄、春の花粉症シーズンに向けて様々な情報が出ているのを眺めていた。

そんなサイト群のなかに、スギやヒノキ以外の花粉症に関する記述があった。なんでも、サクラやトマトなど身近な植物でも、条件が揃った場合は稀に花粉症になることがあるの

だそうだ。

特に興味深かったのは、タンポポの花粉症である。この情報を見つけたときには、暗殺直前のシーザー並みの勢いで「タンポポ、お前もか！」と突っ込んだ。老若男女が知っている植物であり、かつあまりに印象に残るできごとであったため、タンポポの花粉症についてはその後ウェブ連載や雑学本のネタにするなど、おおいに活用した。

さて、冒頭の謎の現象に戻る。例のかゆみはたいてい、体調が思わしくなく、それに長時間作業をしなければならないときにやってきた。発生するのは夜中、お茶で喉を潤すとやわらぐどころか悪化する……お茶？

「あ、これたぶんカモミールだわ。キク科だし」

突然ひらめいた。なぜそう思ったかといえば、タンポポの花粉症について調べたとき、ついでにヨモギの花粉症もあることも知り、「そっか、どっちもブタクサと同じキク科だもんな」という感想をもったからだ。

ブタクサは、秋に花粉症を起こす植物の代表格だ。日本には外来の植物として明治時代に流入し、諸説あるものの、英語名の hogweed（ブタの草）からそのまま「ブタクサ」と呼ばれるようになったという。英語名の由来については、ブタが好んで食べるから、ブタがいる土地に育つから、などやはり複数のいわれがある。

また、ブタクサ・ヨモギ・タンポポといったキク科の花粉症について調べたときには、他に症状を起こしやすい種としてイネ科が挙げられていた。そして、イネ科の雑草による花粉症がある場合、小麦のパンなど別のイネ科の植物から作った食べ物にも反応することがあるという情報も得ていた。

(じゃあ、キク科でも同じことが起こるのでは?)

というわけで、実験を始めた。方法は、体調が思わしくない日にハーブティーを買って飲むだけ。お茶屋で気になる商品を選び、飲んだ後に成分を確認する。すると、喉に違和感やかゆみが出るときには、決まってカモミールが入っていた。やっぱ、これが原因だな。

とはいえ、この実験は、重い症状でなく耐えられる程度のかゆみであったからこそやれたものだ。人にはすすめられないし、食物アレルギーでは反応が出る飲食物を頻繁に口にすることで症状が悪化するおそれがあるため、あまりよい方法とはいえない。

それでも、興味をもったことを自分で試すのが好きな私にとっては、不快感を発見に変えられるかもしれないという期待があった。また、実験という名目で好きなお茶を色々試せる役得(?)も魅力的だった。

体調管理に新しい視点

ちなみに、夜中に症状が出がちだったのは、寝る前にカフェインを摂らないようにする都合上、緑茶や紅茶でなくハーブティーを選択していたからだ。長年お茶を飲み続けた結果、カフェインを一日中摂取してもぐっすり眠れる体質にはなっているのだが、カフェインの作用によりミネラルが過剰に排出されると、不安や苛立ちにつながるという意見もある。気をつけられるものなら気をつけようと、夜のお茶はノンカフェインのものを選ぶことが多かった。なお、一度寝るとかゆみが治まっていたのは、眠っている間は単にカモミールティーを飲んでいなかったからだと思われる。

この経験を通じて、私は自分の体調管理に新しい選択肢を加えることができた。すなわち、元気なときには大好きなカモミールのお茶を楽しみ、体調が優れないときには麦茶など香りのよい他のお茶を選ぶようにした。

断片的に拾った情報でも、このように派生させて組み合わせていけば、日常生活をより快適にカスタマイズすることができる。知が生の道標になることを、ごく卑近なことから感じた例だった。

三越でドンキ?!

近年、ビジネスパーソンや学びなおしたい人たちの間で「教養」が見直されつつある。なんとなくよさげな響きの言葉だが、教養とはそもそも何だろうか。

教養は、辞書的にいえば、〈幅広い知識や学びでものごとへの理解力を養い、心の豊かさを得ること〉だ。私が思うに、これはなにも難しいことではなく、街中にも転がっている。

先日、東京・銀座を歩いていたところ、海外からの観光客と思しき人が三越から出てきた。彼は上品なデパートの紙袋を手に、実に機嫌がよさそうだった。

「ドンドンドンドン ドン・キドン・キホーテ〜」

耳を疑った。え、ちょっと待って。

「フフンフフンフン　フフフフ　フンフフーン」

あ、その辺はうろ覚えなのね。

もうおわかりだろう。ついさっきまで三越を楽しんだその人は、大手ディスカウントショップ、ドン・キホーテの歌を口ずさんでいた。

この歌を知っている人の多くは、三越とドン・キホーテという取り合わせの妙にちょっと驚き、そして笑う。そして、「今日こんなことがあったよ」と、共通の話題に興じることができそうな家族や仲間に話すだろう。

私は、これが教養だと思う。平たくいえば、ものごとの連関がわかること。出会ったものを理解し、他のものとつなげ、楽しむ力だ。この力を得るには、クイズは格好の手段だ。なんせ、色々な分野の情報が、おいしいところの詰め合わせ状態で提供される。気になるところをつまみ食いして、もっと知りたくなったらさらに調べる。そうすることで、最初は断片的な小ネタだったものが、いつしか体系的な知につながっていく。

なお、世間で高尚と思われがちなものを学び、それで教養があると思わせたがる人もいるが、これは教養というより知識のひけらかし、つまり衒学に近い気がする。教養はしばしば会話や判断のよすがになるものの、基本的には精神的な豊かさを象徴するものだ。

ちなみに、この原稿を書きながら、またしても知識の点が線で結ばれた。三越の白地にピンクの包み紙は「華ひらく」という作品で、そこに書かれた「mitsukoshi」の文字は、開発当時同社の宣伝部にいて、のちに漫画家になったやなせたかし氏の手によるものだ。

ここまでは、二〇二四年の春に某番組のリサーチを経て知っていた。ただ、後で例の観光客のいでたちを想起したとき、「あれ、三越の紙袋がいつの間にか変わってる？」と思った。調べてみると、本当に数年前にデザインが変わっていた。新しい紙袋は、人間国宝の友禅作家・森口邦彦さんが手がけたもので、その名も「実り」だそうだ。包み紙は従来通り「華ひらく」なので、「華ひらく」で包んで「実り」の袋に入れるという構図だ。なんてオシャレ……!

いいクイズはヌケがいい

本書の内容は様々な人に応用可能だが、私が特に手に取ってほしいのは、自分は話すのが苦手だと思っていたり、自分のことを面白くないと思っていたりする人だ(もちろん企画畑の人にも手に取ってほしい)。話すのが苦手だと捉えていると、ふと思いついたアイデアがあっても口にしない選択をしがちである。失敗したくないという気持ちが先に立つので、ちょっといいと思った程度のアイデアでは人に話さなくなってしまう。

それでも、情報の提示法を工夫すれば、少しは人前で話しやすくなる。情報の出し方を変えると、違った手応えを得て、徐々に口を開けるようになっていく。また、自分を面白くないと捉えている人も、クイズに出てくるような相手の興味につながりやすい話題を選び、発言回数を増やしていくと、「あれ、もしかして自分、そこそこしゃべれるんじゃないか」と思える瞬間がやってくる。

なぜそんなことがわかるかといえば、ありていにいえば、私自身がその類の人間だったからだ。それでも、長い間、本番で通用するクイズの構造や題材を分析し、その結果を会話や人間関係などにも応用するうち、こうした本を書く機会に恵まれた。それなら自分の体験したこと、うまくいった方法をお伝えしようと、このような文章を書いているしだいだ。

入口は出口

――あなたにとってクイズとはなんですか？

よくこう聞かれる。そんなとき、私は決まって、「入口です」と答える。

私はクイズで正解することよりも、クイズから広がる世界が楽しくて、いまの仕事に就いている。そんな私にとって、クイズはあらゆる場所にアクセス可能な入口で、日々そこを通っては、様々な人や情報に手を伸ばしている。

入口は同時に、出口でもある。自分が面白いと思ったものを他の人に送り出す、ちょっと怖く、そして楽しみな扉でもある。よいクイズの条件には「ヌケのよさ」が挙げられる。「ヌケ」とは余韻や読後感のことで、方向は様々あれど「この情報にふれてよかった」と思える状態を「ヌケがよい」という。

ヌケのよさのヒントは、日常生活にある。情報の受け取り手が日常生活でふれているであろうものに、少し気になる情報を加えて一問を成立させる。「この答えはどうなんだろう？」と注目してもらえれば、日常で見過ごしていることがちょっと特別なものになる。たとえば、こんな問題をつくったことがある。

【問題】
ごみ処理施設で燃やしたごみの灰は、その後何に再利用されるでしょう？

A：肥料
B：チョーク
C：歩道

この問題の答えは「C：歩道」である。一度捨てられたごみは高温で焼却され、有害な物質が除かれた後、環境への負荷の低いエコセメントに生まれ変わり、道路や側溝の材料として、再び私たちの生活に役立つものになる。ちなみに、Aの肥料は工場から出るリンを含んだ排水を再利用したものがあり、Bのチョークは産業廃棄物として捨てられたホタテガイの殻をリサイクルしたものがある。

このクイズのヌケのよさは、問題の最終形態の向こうにまだ先がある点で、いってみれば、自分たちの生活のその後が垣間見えるからだ。他の「肥料」「チョーク」という選択肢も、もっと実用化の例があるというオマケ感を演出できる。そして、「私たちの生活はこのようにして成立しているんだな」というどこかあたたかな気持ちを呼び起こすことも期待できる。

クイズは知識・情報を断片的に切り取ったものではあるのだが、教養の入口になりえる、と私は思っている。教養とは、雑多な学びと書く雑学よりももう少し体系立った学びのことで、様々な事象をゆるやかにつなぎ合わせ、生活や心を豊かにする。こうした豊かさを得た人は、さらなる学びを求めるようになる。

クイズはその入口となり、新たな世界へ人を誘うのだ。

【このビジネスクイズ、解けますか？】

問題6　ビジネスの場でも使われる「インテリ」や「ノルマ」といった言葉は、何語？

選択肢　A：ドイツ語　B：フランス語　C：ロシア語

問題7　【答えを知らなくても考えればたどり着ける問題】

時計が時計回りに回るのはなぜ？

ヒント：世界初の時計は何時計だったかを考えてみましょう。

問題8　次のうち、日本人が発明したものはどれ？

選択肢　A：ボールペン　B：ネクタイピン　C：ノートパソコン

問題9　天才アインシュタインが「人類最大の発明」といった、投資で重要な考え方は何？

選択肢　A：配当　B：複利　C：信託

問題10　仕事の経歴などを表す「キャリア」とは、もともと何を意味していた言葉？

選択肢　A：車輪の跡　B：船の航海日誌　C：馬の乗り換え場

問題6〜10の答え

問題6の答え――C：ロシア語

解説　インテリ（インテリゲンチャ）は帝政ロシア時代の知識人階級のこと。ノルマは各人に割り当てられた仕事量のこと。前者は社会主義思想と一緒に、後者はシベリア抑留者の帰国とともに日本に伝えられた言葉。

問題7の答え――日光の影の動きに合わせたから

解説　世界初の時計は日時計だったといわれ、日時計は日光が物に当たってできる影を利用したものだった。そのため、日時計以外の時計も日時計と同じ向きに回るのが原則となった。ちなみに、影が右回りに回るのは北半球での話だが、これが世界基準になっているのは、昔有力だった国が集中していたのが北半球であったため。南半球に有力な国があれば時計が回る方向も違っていたかもしれない。

問題8の答え――C：ノートパソコン
解説　ボールペンはハンガリーのビロ兄弟が発明。ネクタイピンはかつて現在よりも薄かったネクタイが乱れないよう、欧米で作られたもの。ノートパソコンは一九八九年に東芝が発明。現在の「dynabook」シリーズの先駆けで、人がパソコンのある場所に行くのではなく、人がパソコンを持ち運べるようになった。

問題9の答え――B：複利
解説　複利とは、利子にも利子がつくこと。毎年同じ額の利益が増える単利よりもお金の増え幅が大きい。複利は古代ローマの時代からある考え方で、アインシュタインは資本主義の急成長の象徴として、この言葉を持ち出したのではないかといわれる。

問題10の答え――A：車輪の跡

解説　ラテン語のcarrariaに由来。これは、馬車などが通った後、地面にできるわだちのことで、転じて、仕事上の経歴や来歴のことを表すようになった。

第3章

クイズ作家の収入は何で決まるのか

——「誰も解けない」も「みんなが解ける」もダメ

クイズ作家になった〝たまたま〟の理由

なぜクイズ作家になったのか、そもそもクイズ作家になるにはどのようなルートがあるのか。初対面の人によく聞かれる問いには、こんなのもある。

私の場合、クイズ作家になったきっかけは〝迷子〟だ。大学に入学し、三重から東京に出てきたところ、あまりに都会すぎて道に迷った。慣れない場所でうろうろしていたら、よほど挙動不審に見えたのか、声をかけて助けてくれた人がいた。目当ての場所まで付き合ってくれたその人は、「もしよかったらこれ」と言って一枚ビラを置いていった。

私が急いでいるのを知っているので余計な説明はせず、ご本人はそのまま去っていった。そのビラには、「クイズ研究会」という、それまで見たことがない組み合わせの言葉が書いてあった。クイズ？　研究会？　って何……？　まとまらない疑問がたくさん浮かんだが、助けてもらったからには一度くらいお礼代わりに顔を出そうと考え、そのサークルの新入生歓迎イベントに顔を出した。

参加してみると、そこはクイズを手段に様々な遊びを行う、とても興味深い場だった。高校生までの私には、色々な知識にふれることは好きだったものの、クイズに興じるという習慣はなかった。高校卒業時までにふれたことがあるクイズというと、学校の図書室にあった子ども向けの本やテレビのいくつかのクイズ番組、商品のキャンペーンで出題される解いても別に楽しくない問題くらいだ。

いわばまったくの素人で、高校生のときに『高校生クイズ』を観ずにすごしたレベルである（番組名だけはかろうじて聞いたことがあった）。そこからのスタートなのに、約三年後にはその『高校生クイズ』の問題をつくるようになっていたのだから、人生とは何が起こるかわからない。

クイズは遊ぶための手段

クイズ研究会のイベントでいくつか興味深い発見があった。まず、クイズはそれ自体が目的である必要はなく、親睦や学びを実現するための手段であってもよいという、至極当然のことがわかった。

次に、クイズをしているときには、出題内容以外にも様々なものが飛び交っていると感じた。開催地や参加者層から答えを絞る方法、劣勢のとき思い切って早押しボタンを押した挑戦者を思わず応援する観戦者――一問ごとにコミュニケーションが発生し、ときにはちょっとしたドラマが生まれる。

「ああ、これは面白いものだ」と思った。自分が知った気になっていた、そして冷めた目で見ていたものは、クイズのほんの一部にすぎず、実際にはクイズを媒介とする豊かな世界が広がっていた。私がクイズ研究会に入ったのは、こういう気づきがあったからだ。

入会後、仲間の出すクイズを解いたり、自分でもつくったりするうちに、私はどうやら解くよりつくる方が好きらしいということに気がついた。昨日解けなかった問題が今日解けるようになると、ちょっとした成長が感じられてもちろん喜ばしかったのだが、自作の問題に人が楽しんで取り組んでくれると、もっと喜びが大きかった。

これに気づいた後は、時折企業など外部から入ってくる作問依頼に対応するようになり、そのうちに私の問題を気に入ってくれた方から「個人でこんな案件もやらない？」とお声がかかるようになって、いまの仕事につながった。

母校で講演、できるかな

なお、クイズを趣味や副業でなく本業にしたのには、別の理由もあった。私の場合、ありていにいえば母校での講演を狙っていた。私が通っていた中学・高校は、勉強が得意な人が比較的多いと同時に、スポーツや芸術に秀でた人を一定数輩出するところだった。そのため、多彩な経歴をもつ先輩方が稀に後輩に向けて講演をする機会がある。

一六、七歳のころ、そうした先輩の話を聞きながら、「この学校にいつか講演者として戻ってこよう」と考えていた。というのも、当時は自分のことをつまらない人間だと思っていたからだ。講演者としてやってくる先輩の話はどれも面白く、その人が特段話し上手でなくても楽しく聴くことができた。

楽しめたのは、その方々に確かな経験と実績があるからだと感じた。ということは、もしこの場に呼んでもらえたら、そのころの私は中身の詰まった面白い大人になれているということか？　……などとぐるぐる考えた結果、ひとつの通過点として母校での講演を目指すようになった。

もともと卒業生のバリエーションに富んでいる学校なので、講演のラインナップに入るには、誰から見ても就職難易度が高いとわかる進路を採るだけでは不十分だった。基本的に、「なにかの第一人者」か「そんな人いる？」と思うような異色の経歴、かつその実績が地元まで聞こえるレベル、というのが私の読みだったので、進路を考えるときには、都度登壇の可能性が高まりそうな方を選んでいった。

その結果、「これくらいの歳でやるだろう」と想像していたのより、七年ほど早く講演が実現した。といっても、私が急成長したというよりは、ほぼ周りのおかげだ。なんせ、当人的には、講演をやる意志があることをまだ誰にも言っておらず、人前で口に出すのは実際に叶った時点よりも三年ほど後を予定していた。

ところが、私を取材した記事を同級生がたまたま学校の先生に見せ、その先生が校長先生に見せ……といったかたちで思いのほか早く声がかかったのだ。

まさに偶然にクイズに出会ったからこそ経験できたことであり、大学入学早々道に迷ってよかったと、いまとなっては思う。道に迷って道を見つけたといったところだ。

就活なしの仕事

子どもの六五%は、親がいま知らない職業に就く——こういうと、子育て真っ最中の方はちょっと不安になるかもしれない。

これはつまり、親が経験則で「安定している」「この仕事は食いはぐれがない」と捉えている職に就く子どもは少数派、ということになるのだから。思えば、ドローン操縦士や

SNSコンサルタントといった仕事は、一〇年前には想像がつかなかったものかもしれない。それでもいまは確かな需要があるし、きちんとスペシャリストとして認知されている。

少し種明かしをすると、冒頭の話はややつまみすぎの感がある。これは、アメリカ・デューク大学の研究者キャシー・デビッドソンの予測によるもので、正確に日本語に直せば「二〇一一年度にアメリカの小学校に入学した子どもの六五％は、大学を卒業するときにはいま存在していない仕事に就くだろう」といった内容である。

とはいえ、目まぐるしく変化する現代を生きる人にとっては、この推測は「なるほど、そうかもしれない」と思わせるだけの力がある。ユーチューバーが台頭し、様々な分野でAI（人工知能）が活用されはじめるのを見た私たちにとって、保護者が「なにそれ」と思う仕事に子どもたちが就く割合が高いであろうことは、ある程度想像がつくからである。

ご趣味ですか？

ところで、クイズ作家は〝なにそれ系（？）〟の部類に入るらしく、初対面の人から「その仕事って食えるんですか？」「ご趣味ですか？」と聞かれることがよくある（さっき名乗った放送作家や絵本作家にはそんなこと聞かなかったじゃん……！）。まあ、食えているからその場にいるわけで、私の趣味はクイズより読書なわけだが、いずれにしても質問者には想像のつきにくい職業なのだろう。

クイズ作家という仕事がわかりにくいのは、就職活動をしてなるものではない、ということもあるかもしれない。私に関して、「あいつ、就活に失敗したから作家とか言ってるんじゃないの？」と言う人がかつていた（おいこら、聞こえとんぞ）。正規の活動でだめだったから、自称でクイズ作家と名乗っているんじゃないの？ というわけだ。これを知ったときには、なんというかほっこりした気持ちになった。その見立ては外れで、「そもそも就職活動をしなかった」が正解である。

その声の主は、「就職活動→就職」が第一で、そこからの脱落組が作家などになる、と考えていたようだ。そもそも、就職のルートが決まっていない職業があることに思い至らなかったのかもしれない。

実のところ、就職活動をしないというのは、学生のときに起業した人に多いパターンだ。企業の創業者やクリエイターによくある流れで、業種の異なる知人にもこうしたキャリアの積み方をしている人が何人もいる。

ただ、他者がつくった組織に入らないということは、組織による収入の安定や所属の保証はないということなので、基本的には自分でクライアントを選び・選ばれつづけなければならない。そういう意味では、就活をせずに最初から自分の事業で進むというやり方は、挑戦好きな人に向いているかもしれない。

クイズ作家はクイズ王……とは限らない

前にもお話ししたとおり、私はクイズを解くことよりつくることの方が好きだ。ただ、問題をつくるには解く側の気持ちも想像できないといけないので、プレイヤーとしての経験も少しは積んでいる。また、大学生のころ関わった問題作成案件では、なぜか履歴書代わりにプレイヤーとしての戦歴を聞かれることがあった。そのため、個人で決勝進出・団体で優勝と書けるようになるまでは大会に出て、その後はクイズ大会に関わる場合でも、基本的にプレイヤーでなくスタッフとして参加した。

クイズ作家が飲み会などで自己紹介をすると、周囲からけっこうな頻度で「よっ、クイズ王！」と囃《はや》される。クイズ王とは、一九八〇年代の『アメリカ横断ウルトラクイズ』などから台頭した、いわゆるクイズプレイヤーとして強い人のことだ。クイズ作家はそんな彼らの活躍の舞台をつくる側なので、プレイヤーとしても強いかというと、ちょっと別問題だ。

飲み会で声をかけてくる人は、一般的には座を盛り上げようとしてくれているので、こちらもその意を汲んで、一問出題するなどして応える。そのうえで、「クイズを解くのもお強いんですよね？」と聞かれたときには、「実は解く能力とつくる能力は別なんですよ〜」と話す。このとき、たいてい一瞬「？」という顔をされるが、詳しく説明すれば「なるほど、たしかに」という雰囲気になる。

クイズを解く能力は、日本で人気の早押し形式の場合、基本的に自分のなかにあるものを速く正確に引っ張り出してくる力である。これに対し、クイズをつくる能力は、時間はかかってかまわないが、人が面白いと思える情報を相手に伝わりやすいかたちで提示する能力である。

そのため、強いクイズプレイヤーがよいクイズ作家になれるかといえばそうではなく、良問を連発するクイズ作家がプレイヤーとして名を馳せているかといえば、やはりそうとは限らない。

ただし、両者には共通する要素もある。それは、自分が向き合っているものへの推測力だ。クイズプレイヤーは、場の状況や問題文の構造、出題係がクイズを読むときのアクセントの位置などから、最終的に何が問われるのかを正確に絞っていく。

クイズ作家は彼らがそのような思考法をすると知っているので、ミスリードになる表現はあらかじめ取り除くことが多い。一方で、ときにはあえてクイズ好きになじみのない問題文に仕上げることで見応えのある勝負を持続させることもある。このような、作問者と解答者の無言の応酬は、クイズの醍醐味ともいうべきものだ。

なお、クイズ作家かつクイズ王である人も、なかにはいる。それは、クイズ作家という仕事の認知度が、現在のように（わずかながら）上がってくる前に多かったパターンで、クイズプレイヤーがクイズに関わる仕事で食べていきたくなったり、クイズに詳しいならちょっと番組を手伝ってよ、といった声がかかったりして作家業を始める、といった場合である。

勝つと「クイズ作家だから」、負けると「クイズ作家なのに」

先述のように、クイズに詳しくない人が想起するクイズ作家はたいていクイズ王と同義なので、大勢がいる場で事前の告知なしでクイズ大会が始まると、とてもやっかいだ。

「クイズ作家が選ぶ選択肢が正解じゃない？」と言って作家と同じ答えを選ぶ人に始まり、勝てば「クイズ作家だもんね」、負ければ「クイズ作家なのに」といった言葉が待っている。

どちらにせよ居心地がよくないため、私は事前告知のないクイズ大会が始まりそうな気配がしたら、「よかったらスタッフやりますよ！」と早々に解答者側から離脱する。こうして、場の主催者にはプロが関わる大会という付加価値を差し上げ、自分のちっさい心臓もいたわりながら、いかんともしがたい時間を切り抜けるのである。

とはいえ、たまにはクイズを解く側として参加せざるをえないときもある。某生放送の番組でクイズ作家の特集が組まれ、出演の打診が来たとき、私からは「クイズ対決等はないかたちだとうれしいです」とすぐに伝えた。

ところが、番組というものは制作陣が「やりたい」と思ったことは多少無理してでも押してくるもので、「どうにかクイズ対決ありで出てくれ」と言われてしまった。こうなったら、もう仕方がない。人にクイズを出して生活しているからには、逆の立場になったときも全力でやりきるのみ。クイズ作家四人で視聴者数百万人と対決し、見事完敗した。そりゃそうだ。

ちなみに、このとき出題者となったのが、私と同じで解くよりつくる方が好きなタイプの作家だった。その人は余人をもって代えがたいひらめき問題のスペシャリストで、企画会議での問題の採用率も素晴らしく、とても尊敬している先輩である。そのため、クイズ対決に臨む前振りとして、この方を「ひらめき問題をつくらせたら日本一」と紹介できたのが、私にとっては大きな役得だった。

同時に、一緒に出演した三人の作家にもよく学ばせてもらった。失敗できない生放送であっても、流れに応じて観る人にわかりやすいコメントを適宜入れ、ただ案件をこなすのでなく役割の範囲内で場を盛り上げようとする姿勢は、私にとって大変眩しいものだった。

「へえ!」をつくる仕事

クイズ作家が番組会議でよく言われるのが、「『へえ!』が欲しい」だ。「へえ!」とは、「そうなんだ!」「ためになった!」「面白い!」といったプラス方向の感情の束のことで、そう思ってくれた人はその番組のファンとなり、ときには視聴した内容を人に広めてくれさえする。

ちなみに、私にとって、「へぇ!」の対義語は「ふーん」だ。「ふーん」は、語感からも察せられるとおり感情の揺れが少ない状態で、「だから?」といった関心の低さを含んでいる。

「へぇ!」は何かと便利だ。身の周りを見渡せば、クイズだけでなく、企業の広報や商品のプロモーションにも使われている。たとえば、数年前まで放送されていた不動産会社・東急リバブルのCM。お笑い芸人の山口智充《ともみつ》さん演じる父親が、子どもたちに雑学を披露していく。

父「トウモロコシの粒の数は、必ず偶数って知ってた?」
娘「そうなの!?」
父「鮭は、白身魚って知ってた?」
娘「そうなの!?」
父「我が家を売った東急リバブル……」
娘「知ってる! 九割以上の人がまた利用したいんでしょ。お兄ちゃんたちが言ってた」
父「あいつら……」

♪ 東急リバブル

このCMでは、話の入口の雑学に「へぇ！」と惹きつけられ、視聴者の興味が喚起される。そして、父が披露する情報に「そうなの!?」と驚いていた娘が、東急リバブルのこととなると途端に詳しく語りはじめる。その大人顔負けの様子に視聴者はくすっと笑いを洩らし、後に続く企業情報まで楽しく聞き入ってしまう。これは「へぇ！」を巧みに使用した例で、雑学によるちょっとしたお得感もありつつ、伝えたいことが嫌味なく視聴者に伝達される。

ちなみに、東急リバブルはこのCMを流す前から業界三位の大手だったのだが、知名度が低く全国展開していることすらあまり知られていなかった。ところが、このCMが浸透すると好感度が業界一位（『CM INDEX』調べ）に跳ね上がり、いまでは不動産のブランド名としてまさに不動の地位を確立している。

「ふーん」「で？」の問題

このように、クイズや雑学をきっかけとした「へぇ！」には、人を惹きつけ、プラスの感情を呼び起こす効果がある。私自身、この手法を使って色々な広報・ブランディング案件を担当している。

ただし、もし皆さんのお仕事に「へえ！」を利用するのなら、ひとつ気をつけてほしいことがある。それは、情報の入口を極力受け取り手の知っているものにすることだ。たとえば、さきほどのCMがこんな内容だったらどうだろう。

父「ルピナスはノボリフジとも呼ばれるって知ってた？」
父「ウグイ（ハヤ）には海にくだるのもいるって知ってた？」

まるでダメ。心のチャンネル、秒で変えちゃう。これが、先にお話しした「ふーん」、および それにも至らない「で？」だ。

ルピナスはよく花壇に植えられている花、ウグイはフナと同じく日本の川にいる代表的な魚なのだが、東急リバブルのトウモロコシやサケに比べるとその知名度の差は歴然としている。

情報は、何を言っているのかわからなければ伝わらず、あえて踏み込んで理解しようとする人は少ない。そのため、入口となる素材は、情報の受け取り手にとってなじみのあるものであることが望ましい。

具体的には、小学生のころに見聞きした内容を目安とすると比較的うまくいく。これは、義務教育が国民の共通知として機能しているためだ。娯楽や価値観が多様化した近年では、多くの人が気になる話題を探すのは意外と難しいが、日本人全員（より正確にいえば「ほぼ」全員）が受ける義務教育の内容であれば、貴重な共通知になりえる。

具体的な切り口としては、懐かしいけれど正確には覚えていなくてちょっと悔しい、ジェネレーションギャップにびっくり、教材で使った道具の意外な進化などなど。このような面白さがあるので、私はしばしば小学校の教科書を見直す。

中学校も同じく義務教育だが、こちらは学習内容でなく、思春期真っただ中の気持ちをすくうものや、あるあるネタの方が刺さる。中学で扱う内容は意外と高度であるため、いざ話題にしてもその学習内容が存在したことすら思い出せない大人が多く、興味のきっかけになればと思ったはずが、「なんだこいつ」という目で見られやすい（とても悲しい）。

なお、小学校で習うことをある意味〝常識〟とみなすなら、あえて巷の〝常識〟に挑むかたちのクイズもある。たとえば、加齢臭というと耳の後ろをイメージする人が多いようだが、主な発生源は耳よりむしろ背中だ。背中（や胸）は皮脂の分泌が多く蒸れやすい場所なので、臭いが発生しやすいのだ。

株式会社マンダムの調査（二〇一四年）によると、この事実を勘違いしている日本人は実に九割以上だそうだ。……なんだかこの情報、背中のケア用品のプロモーションに使えそうだな。

そのクイズ、明日、人に話したくなる？

クイズをつくるとき気をつけていることは何か。クイズ作家が揃って口にするのが「明日、人に話したくなること」である。クイズ作家が目指す「へぇ！」については先述したが、この「へぇ！」が十分にもたらされると、人は知った内容を誰かに伝えたくなる。

小学生のころ、面白いバラエティ番組が放送された次の日、クラス中がその話題でもちきりになったことはないだろうか。あの現象は、クイズでも起こせる可能性がある。これを狙うときに重要となる考え方が、「明日、人に話したくなること」である。

この基準は、おおむね以下の観点を含んでいる。

・対象となる話題に興味がもてるか
・事実を知ったときに得した気持ちになれるか
・言われている内容の画《え》が浮かぶか
・被害者がいないか
・情報の受け取り手が楽しく感じられるか

これらを満たすと、「ねえねえ知ってる?」という会話が生まれやすくなる。現代においては情報拡散の度合いがものごとの成否に深く関わるだけに、クイズに限らず様々な業種で応用できる項目ではないかと思う。

関心外のものにふれる

「明日、人に話したくなる」の生み出し方は人それぞれだ。私の場合、下準備で行うのは、読書やネットサーフィン、人のすすめてくれた動画を観ること、散歩などだ。

散歩を挙げたのは、身の周りで自分が目にするものは他人も同様に見かけている可能性があり、共通の話題になりやすいからだ。

また、人のすすめてくれる本や動画は、ときに自分の興味、関心とだいぶかけ離れている。実はそれがいいのだ。固定しがちな自分の枠を揺るがしてくれる可能性があるからだ。ところで、本書では知識や情報といった言葉がよく出てくるが、これらは覚えるものでなく活用するものだと思う。よって、暗記する必要はなく（私もクイズの答えはあまり覚えない）、何を調べたらどんな情報が出てくるかだけ、うっすら頭に留めておくくらいで十分だ。

天才といわれるアインシュタインは、自分の家の電話番号を覚えていなかった。使用頻度が低く、調べればわかる情報は、覚えることに労力を割かなくてよいのである。

アホなふりをすることの重要性

どの仕事にも、符牒のようなものがある。ややこしいことをひと言でいえる便利さもあり、仲間内でやりとりするときに、頻繁に使われる。

クイズ作家を始めてすぐ関わったとあるチームには、「アホなふりして」という独特の言い回しがあった。これは、聞きづらいことをその道のプロに聞くときや、無理っぽい案件をえいっとひと押しするときに使う言葉だ。

たとえば、ディレクターが駆け出しのスタッフに「ちょっとアホなふりしてくれない？」と言ったら、「君が本来そんな人間でないことはわかっているんだけど、常識人が手を出さないことをあえてやってみてくれるだろうか。すまん」という意味になる。

アホなふりが必要な場面は色々あるが、頻出するのは、特に他人に聞きづらい質問をするときだ。たとえば、学校の先生に「正直、生徒に対してひいきってありますか？」と聞くことや、お医者さんに「出さなくていい薬を処方したことってありますか？」と尋ねることが、これにあたる。

この手の問いは、聞き方によっては相手の機嫌を損ねる。それはそうだ。回答内容によっては相手の信用問題にもなるわけで、そもそもそんなことを聞いてくる時点で「バカにしているのか？」と考える人もいるだろう。

一方で、質問する側は、「聞きたい」「知りたい」というニーズを抱えながら、通常は遠慮してしまうことを、あえて口に出している面がある。当事者の本音だからこそ、聞きづらい。そういうことは、世の中にたくさんある。こうした壁を突破していくと、「そこが知りたかった！」というデータが手元に転がり込みやすくなる。

ちなみに、有名ロックバンド・GLAYは、デビュー三〇周年のキービジュアルをマンガ『ONE PIECE』の作者・尾田栄一郎に依頼した。以来、尾田氏の手掛けたデザインをバンドのオフィシャルロゴとして使用している。これはまさに、尾田氏と親交のあったメンバーに他のメンバーが「アホなふりして聞いてみて」と言った結果実現したことである。

アホなふり、おそるべし。

クイズ作家のお仕事1――作問

クイズ作家は、文字通りクイズをつくり、様々な場所に提供することを生業にしている。クイズから派生して、雑学に関する記事を書いたり、クイズイベントで出題係やMCを務めたりすることもある。

最も主要な業務は、やはり「作問」である。この言葉はやることのわりに語感が軽いという理由で好まない関係者もいるが、字面から作業内容がわかりやすいため、ここでは使用してみる。なお、私自身はひらがなの「つくる」を好む。漢字だと「創る」だが、それだとちょっと気負いすぎな気がするので、「つくる」程度がちょうどいい。

また、作問時、作家が気をつけることには、次の四点がある。

①その時その場所で出すのにふさわしい話題か

クイズ番組では、しばしば放送時期に合わせたクイズを用意する。五月なら子どもの日やゴールデンウィーク、一二月なら温かい鍋や年末という具合に、番組やクイズを通して季節を感じられるようにする。ときには、クイズ作家から、放送日が○○の日だから○○にちなんだクイズを出そう、といった提案も行う。

また、未成年がメイン解答者である場合、基本的にお酒や煙草の話題は出さない。単純な知識としてその手の話題を知っている未成年者もいるのだが、「なぜその話題に詳しい？」という疑いが生じたり、「なぜその話題を選んだ」という作家への意見なども来る可能性があり、未成年者への題材選びには特に注意を払う。

②難易度は適切か

見応えのある勝負を生み出すには、難易度調整が欠かせない。誰も答えられない問題が複数回続いたり、全員が答えられる問題ばかりが出題されたりすると、試合展開が単調になり面白くない。

より正確にいえば、「面白くない」レベルでは収まらず、お客さんが興味を失って観るのを止める要素になるので、できるだけ正解・不正解がほどよく出るクイズを用意する。

そのために欠かせないのがシミュレーションである。作成されたクイズは、どの程度解けるかこちらで予想するだけでなく、視聴者層または参加者層に近いと思われる人に実際に解いてもらう。大学生やその番組に関わっていない制作会社の若手に頼むこともある。

この過程を挟むことで番組全体の選球眼が増し、娯楽として観たり参加したりするのにちょうどよい場をつくりだすことができる。

③初めて見聞きした人に伝わる内容か

たいていのクイズ形式では、問題の意味が伝わらなければ解く気にも観る気にもならない。島田紳助さんの「クイズはテンポ」という言葉（テレビ番組『クイズ！ヘキサゴン』シリーズで頻出していた）は本当によくクイズの性質を表したもので、問題の意味がスッと伝わり、場がテンポよく進行されることは、そのイベント全体の盛り上がりや納得感を生むのにとても大事な要素だ。

そのため、クイズ作家は問題文を極力わかりやすく仕立てる。耳で聞いてすぐに理解できる言葉を選び、文章の重要な部分はテロップ化もされるので、そのチェックをする。また、イラストを使った問題では、ミスリードになるような余計な情報が入っていないかにも注意する。特別に意図があるときにはあえてこの原則を外すこともあるが、クイズの問題は、基本的にこのようにしてつくられていく。

④その問題を解くとどんな感情が生まれるか

感情は様々な現象の原動力である。情報は、人の気持ちが動き、広めたいと思われたからこそ拡散される。そのため、現代のＳＮＳ社会においては、「自分の仕事の成果物は人にどのような感情をもたらすのだろう」という視点が欠かせない。

たとえば、問題をつくる作家としては、クイズの挑戦者にはそれぞれ見せ場ができてほしいと考える。その「見せ場」とは、挑戦者が問題に答えたときにかっこよく見えたり、もっと応援したくなったりする場面だ。

前者については、難しい響きの問題、たとえば「マルクス・アウレリウス・アントニヌス（ローマ皇帝の名前）」などをさらっと答える様を見せることや、「日本の鉄道駅はいくつある？」といった問題を自分が日常で使う駅や各都道府県を旅したときの経験に基づいた推理で鮮やかに解いてもらうことで実現可能だ。

後者については、ディレクターやクイズ作家がクイズに挑む人の動機やどうしても勝ちたい理由を丁寧に追い、「選択肢は全部聞いたことがある、でも解けない……！」といった絶妙な難易度の問題に苦慮する様を見せることなどで、視聴者に正解してほしい、望みが叶ってほしい、といった気持ちが生まれる土壌をつくる。


なお、この四点は主にテレビ番組など商品としてのクイズに適用されるもので、クイズそのものが好きな人が集まる大会などでは当てはまらない場合もある。

また、よく「クイズ番組ってやらせじゃないんですか？」という質問を受けるが、私の知る限り、それはほぼ無理だ。こちらでいくらすてきな展開が生まれそうなクイズや問題形式を用意しても、ひとたび出題してしまえば結果を引き寄せるのは挑戦者本人であり、実力である。

クイズ作家のお仕事2——裏取りが山場

「バファリンの半分は優しさでできている」ように、クイズの半分は「裏取り」でできている。裏取りとは、クイズの案を出した後、扱われている情報に誤りがないかを調べる工程である。

この作業には、しばしば問題そのものを思いつくよりも長い時間がかかる。数分で出したアイデアの裏取りにまさかの一か月以上かかったなんてことも珍しくなく、クイズの制作にまつわる工程のなかでも、特に手間のかかる分野だ。

具体的にどんなことをするかといえば、主に資料探しと問い合わせである。テレビの地上波で流れる知識クイズの場合、専門的な文献二件、専門家への直接問い合わせ一件くらいの関門は、どの問題も突破してきている。

このとき、その道の専門家から見て引っかかる言い回しが含まれていたら、そのままの文章で出題しても誤りとまではならないか、誤りの場合はどのような文言に変えれば成立するかなどを、丁寧に話し合いながら確定させていく。逆にいえば、このハードルを越えられない問題は、どれだけ興味深いネタでも捨てざるをえない。捨てがたいネタを潔く諦めるのも、仕事の誠実さのひとつである。

裏取りは別料金

さて、この裏取り作業は、作家が自らやる場合も、他の人がやる場合もある。地上波のクイズ番組であれば、たいてい問題を出す人（作家）とは別に裏取り部隊がいて、分業体制が整っている。

作問者と裏を取る人を別にする利点は、つくった本人だと思い込みで見逃してしまうような誤りも、先入観なく一から調べてくれる人がいれば見つかりやすいことだ。これに対し、雑誌やイベント用のクイズを用意するときには、作家側で裏取りまですませたものを求められることが多い。そうしたときには、問題のアイデア出しだけでなく裏取りのための料金が乗るので、（少なくとも私の場合）一問あたりの単価が高くなる。

そのため、ときにはこちらから裏取り料を外す提案をすることがある。どういうときにそうするかといえば、依頼主から予算が少ないと相談を受けたときや、作問内容がクライアント企業に関するものであり、裏取り時に問い合わせる相手がどちらにしてもクライアントであるときなどだ。

このようないきさつで裏取り料を外した場合、こちらはアイデアを出す係、依頼側は裏を取る係となり、二人三脚で問題をつくりあげていく。この方法は、依頼側にとっては出ていくお金が少なくてすむ。作家側にとっても、情報の正確性に責任をもつのは先方という図式になるため、Win-Win の関係ができあがる。

また、一度裏取りの手間を知ったクライアントは、クイズには相応のお金と労力がかかることをしっかり理解してくれる。よって、後日別案件のお話をいただいたときには、かなりの確率でこちらにとって無理のないスケジュール・費用感で相談してくれる、ありがたいお客さんになってくれる。こうした、一時の売り上げよりも先々の関係を良好にする選択は、クイズに限らず様々な仕事で使えるものと思う。

ある問題が裁判に

ところで、裏取りは時間と労力がかかるだけでなく、ときに恐いものだ。以下の例を知れば、「クイズ本体じゃないものにお金がかかるの？」という疑問は、きっと吹き飛ぶことだろう。

往年のヒット番組『クイズ$ミリオネア』では、ある日マヨネーズの語源を問うクイズが出た。そのときの選択肢は、「A：海の名前　B：町の名前　C：人の名前　D：山の名前」の四つだった。

この問題の正解は「B：町の名前」。マヨネーズはスペイン・メノルカ島のマオンという町で生まれたという説が有力であるためだ。このとき、挑戦者は「C：人の名前」と答えて不正解となった。ところが、後日、本人が調べなおしたところ、人名に由来すると紹介している文献が存在した。

そこで、挑戦者の男性が裁判を起こした。正解していたら七五〇万円もらえたのに一〇〇万円しか得られなかった、フジテレビに残りの六五〇万円の支払いを求める、といった内容で、クイズで裁判が起こる日がくるなんて……！　と業界がざわついた。

裁判の結果は、男性の敗訴だった。担当裁判官は丁寧に三四本の文献を挙げ（裏取り！）、そのいずれにも町名由来説が出ている一方、人名由来説にふれているのは一本のみ、よって正解設定は妥当だが、人名説をふまえてCを選択肢から外すなどの配慮を欠いた面はあると指摘した。

こうした例からもわかるとおり、クイズには裏取りが欠かせない。金銭的損害が絡むことで訴訟化する可能性はもちろん、収録時にちょっと物言いがつくだけでも全体の流れが止まるからだ。

なお、例のクイズを私なりに改変すると、「町の名前」を「土地の名前」にする。これは、マヨネーズの語源にはマオンの近くのマヨルカ島を挙げる場合もあるからだ。

こうした字面や事実関係の調整をえんえんと行うのが、クイズ作家の仕事である。

クイズ作家のお仕事3――監修者との付き合い方

先述のように、クイズには裏取りという工程がある。その際には多くの専門家にお世話になるのだが、このときのやりとりがまずいと問題がボツになりかねない。

そもそも、裏取りというのは制作側の事情であって、監修をお願いしたい先生方にとってはどうでもいいことである。そこをなんとかお時間と労力をいただくわけで、頼む側にもそれなりの誠意が必要になる。

よくあるのは、番組側の事情で頭がいっぱいになり、依頼先のことを考えない文章を送る例だ。たとえば、制作側が言いたいことは通り一遍書いてあるのだが、回答期限が異様に短い、誰でもいいからこの内容を保証してほしいという考えが透けて見え、依頼先のメリットがゼロ、など、読んだ瞬間心のシャッターが下りるメールを見かけることがある。

私は番組スタッフを務めることもあれば監修側で連絡を受けることもあるので、人の振り見て我が振り直すべく、具体的には、以下のようなことをしている。

依頼する際の諸準備

まず、誰かに問い合わせる際には、その人に頼みたい理由を自分のなかではっきりさせる。相手が大学の先生ならばその方の論文を読み、過去の研究内容を実際に見て、「うかがいたい内容についての知見をおもちだと推察されたので連絡しました」などの説明ができるようにする。誰だって、「答えるのはあなたである必要はない。でもこの内容を保証してほしい」なんて言われたらいやだろう。

そうでなくても、人に対応することは自分の人生の残り時間を相手に少し分けることと同じである。だから、できればその甲斐を感じてもらえる伝え方や、面白そうだから一緒にやりたいと思ってもらいやすい内容にして問い合わせるようにしている。

また、知りたい内容については、自分でも事前にできるだけ調べる。時折、監修側に連絡したスタッフ本人が取り扱う内容について咀嚼できておらず、上役が思い描く放送内容をそのまま投げたかのような文章を見かけるが、これでは相手の心証を悪くするだけだ。

何をどこまで把握していて、どこからがわからないのか。せめて自分で理解できるレベルまでは勉強し、その結果を問い合わせに反映する。そうすると、相手にこちらの理解度や聞きたい範囲が正確に伝わっていく。

そして、もし相談に乗ってくれた場合、相手にとってどんな利点があるのかを考える。メディアで露出を増やしたい人やそれなりの対価が欲しい人ならまだ頼みやすいが、露出も対価も興味ないという場合、謎の慈善事業をお願いするようなものなので、ものすごく申し訳ない。ときに、「この人には何のいいこともないだろうな」という考えに至ることもある。そうした例ではこちらも一段と丁寧な対応を心がけるし、その結果、下調べの程度と熱心さが気に入ったからと、別の放送回でも監修してくれるようになる方もいる。

これらの実践を心がけるようになってから、仕事以外のやりとりもかなりスムーズにできるようになった。遠回りに見えて、かえって連絡の往復回数が少なくすんだり、互いに気持ちよく対応できてストレスが減ったりする。これらのスキルと姿勢は、いままで身につけてきたもののなかでも、特に汎用性が高いと感じている。

クイズ作家のお仕事4——ピンブーおよび読み合わせ

クイズ番組では、問題の正誤判定やそれを担当する人のことを「ピンブー」という。これは、クイズ用の正解音・不正解音に基づく呼び名で、テレビ局によっては音の違いから「ブーピロ」と表すこともある。

ピンブーを務めるのは、主にその番組に関わるクイズ作家のなかでもチーフ級の人だ。ごく簡単な企画の場合はディレクターなどが行うこともあるが、一見正解とも不正解とも判断しづらい解答が出てしまう場合や、挑戦者から物言いがついたときに正解の範囲を適切に説明できるようにするために、一般的には問題のことをよくわかっている人が配置されることが多い。

そんな役割なので、初めてピンブーを任されたときには、ついに！　という喜びと独特の怖さがあった。なぜなら、チーム内で実力を認められていることの証左であると同時に、判定ミスをしたら場の雰囲気も参加者のやる気も、あらゆるものがぶち壊しになるからだ。

責任重大な場面

ピンブーを行う際には、しばしば判定用の機械が渡される。これも局によって仕様が異なり、複数のボタンが並んでいることもあれば、◯と×だけのシンプルさあふれるつくりの場合もある。インカム（インターコミュニケーションシステムの略。相互通信ができる無線式の道具）を身につけ、そこで流れるスタッフ間のやりとりが聞こえるようにしたら、準備完了である。

判定時には、裏取り結果をまとめた資料が強い味方となる。模範解答から微妙に外れた答えが出て困ったときなどは、この分厚い資料を見て判断するのだが、一問一問そうしているとあまりにテンポが悪いので、たいていは資料を確認することなく判定する。

緊張した現場のなかでも、特にピンブー担当が戦々恐々とするのは、優勝が決まりそうな瞬間と矢継ぎ早に問題が出る形式のときだ。

クイズ番組では、優勝が決まるときのドキドキ感や喜ぶ人の表情が大切であるため、それらを左右する判定は、まさに責任重大だ。また、クイズの優勝者にはしばしば多額の賞金が出る。「次は一〇〇〇万円の問題」などと思うと、挑戦者はもちろん判定側もおおいに手に汗を握る。

さて、矢継ぎ早に出題されるクイズ形式の場合、一問あたりにかけられる判定時間がとても短い。そのため、出された解答に対し裏取り資料を参照する余裕はなく、あらかじめ模範解答や別解を覚えこんで収録に臨むことになる。

実際、この形式で進んだあるクイズ特番では、ピンブーを務める先輩が「このラウンドが終わるまで弁当食う気になれない」と言って差し入れのうまい棒（たこやき味）でしのいでいた。歴戦の猛者かつふだんは大量の食事をぺろっとたいらげる人でもこれだから、その緊張感はかなりのものだ。

いざ判定が始まると、先輩の身体の縦揺れ・横揺れが激しくなった。つい私も一緒に揺れながら仕事をし、なんとかラウンドを完了させたときには心底ほっとしたものである。

発音、アクセントに強い作家

ところで、私たちのようにピンブーを務める者もいれば、判定の対象となる問題を読み上げる係もいる。この出題係は、アナウンサーやナレーター、ときには司会者が務める。彼らが滞りなく問題を読むには、文中のそれぞれの単語の発音を把握している必要がある。

ニュースによく出てくるような言葉は『NHK日本語発音アクセント新辞典』を見れば事足りるのだが、海外の人名やイベント名などはさすがに本に載っていないため、番組によっては出題係とクイズ作家が「読み合わせ会議」というものを行い、本番前に発音を確定させる。

ちなみに、クイズの問題文の発音では、辞書的に正しいとされる言い方よりも視聴者にとってわかりやすいアクセントを優先することがある。

たとえば、落語家が演目を行うときに座る「高座」は、辞書的にはコ､ーザなのだが、視聴者が耳にする発音としてはコーザ､が多いため、クイズの場では後者が採用される。このようにして、たとえ片手間に聞いてもわかりやすい発音の問題がつくられていく。

なお、私は、クイズ作家のなかでも特に発音やアクセントを気にしながら作問する質《たち》だと思う。というのも、もともとの専門が日本文学や国語教育なので、日本語学にふれてきた経験上、音の変化の法則性をある程度想像しやすい。たとえば、「声《こえ》」は清音なのに「鼻声《はなごえ》」となると濁る。和語と和語の組み合わせで起きる現象で、連濁という。

また、キャリアのごく初期からイベント等で問題を読む係を務めており、それによって収入を得てきた過程もあるため、どう伝えれば問題を読む係の人にとってわかりやすいか、どこにアクセントを置けばクイズを解く人が間違えにくいかなど、作問する段階から様々考える。

一例を挙げると、人前でしゃべる原稿には簡単な印をつけることで飛躍的に読みやすくなる。たとえば、噛みそうな言葉には、言葉の切れ目やひとまとまりで読む箇所がわかりやすいよう、文字を○で囲む。

例）説明させていただきます→[説明](さ)(せ)(て)(い)(た)(だ)きます

この書き方は単に例なので、ご自身の発音に合わせたメモでかまわない。また、伸ばす音は長音記号で読み仮名を書くと、発音がなめらかになる。

例）注意《ちゅうい》→注意《ちゅーい》

同様に、標準語で母音が抜ける場合（例：「聞く」は「kiku」なので、子音kにはさまれたiが抜けやすい）は、実際に読む子音をアルファベットで目立たせることで、シャープな印象の発声になる。

例）聞く→Kく

この無声化には法則があるので、気になる方は調べてみてほしい。

「くまのプーさん」ってどう発音する？

くまのプーさん。あのはちみつ好きのクマのぬいぐるみは、いまでこそネズミの国の住人として名高いが、もとは児童小説のキャラクターだ。

「くまのプーさんってどう発音してる？」

ある日、作家仲間から連絡が入った。問《とい》読《よ》み（後述する）職人としての近藤さんにちょっと聞きたいんだけど、とのことで、しばし考える。問題はアクセントだ。「クマのプーさん」と「クマのプーさん」、どちらが望ましいかという問い合わせである。

教科書的な読みをするなら、「クマのプーさん」だ。声の仕事をする人たちが使うアクセント辞典では、クマはもともとマが強い発音が標準とされていた。近年の改訂でクが強い読み方も許容されるようになったが、後ろに「の」がつく場合、最初のク以外の音を全部高く読む現象が起きるので、やはりクマのプーさんとなる。でも、私と作家仲間は最終的に「クマのプーさん」を選んだ。それはなぜか。

クイズでは、問題内容が一度で理解できることが重視される。特に早押しの場合、言われていることの意味がわからないと解答が明らかに遅れてしまう。そのため時折、理論上正しいとされる発音よりも耳で聞いてわかりやすい発音を優先することがある。クマの場合、視聴者の多くは実質クマと呼ぶので、そちらを選んだかっこうだ。

ただ、相手はディズニーである。イメージを大切にするあの会社さんにとって、この発音は許容範囲なのだろうか。気になったが、わざわざ問い合わせるのはそれこそ迷惑というもの。ぐるぐるしかけたとき、ふと閃いた。

パソコンを開き、ユーチューブにアクセスする。あった、ディズニー公式チャンネル。そこからちょっと検索して、プーさんの予告編を発見。観てみると……

――クヽマのプーさん、完全保存版

やたー！　公式さんも「クヽマ」って言ってる!!

というわけで、まあるいおなかがキュートな彼は、クヽマのプーさんになった。

作家歴より長い問読み歴

ちなみに、さっき出てきた「問読み」というのは、クイズの問題を読む係のことだ。主に競技クイズ（かるたと競技かるたの違いのように、ただ楽しむだけでなく競技的に強さを競うクイズ）界隈の言葉で、私の場合、クイズ研究会に入ってすぐ大学祭でこの係を担当することになったため、実は作家歴より問読み歴の方が長い。

問題を読むときには、ちょっとしたコツがある。どこにアクセントを置くかで文章の続きを解き手に推測してもらったり、流し読みにするか溜め気味にするかで核心の部分がわかるようにしたりする。

そんなことを続けるうちに、イベントや番組で自分の音声がそのまま使われる例が出てきたため、必要に迫られてアナウンス技術を身につけた。大学で日本語学の基礎を学んだこともあり、言葉の発音やその変化の法則についてもある程度理解できる。

周囲の仕事仲間はそれを知っているので、プーさんやチョウチンアンコウなどニッチな言葉の発音に迷うと、「とりあえずあいつに聞くか」といった調子で連絡してくる。

ジャコバンのアクセント

いまでこそこうだが、ここに至るまではまあまあ長かった。なかでもひとつ、忘れられない体験がある。

クイズ作家を始めて数年目、某番組の収録現場でのこと。休憩時間に私と別の作家が雑談をしていると、その日出題を担当するアナウンサーに声をかけられた。いわく、「黒いジャコバンってどう読むとよいですか？」とのことで、私は「ジャコバン」、もうひとりは「ジャコバン」と答えた。

黒いジャコバンとは、ハイチ革命の指導者トゥーサン・ルーヴェルチュールのあだ名だ。

ハイチ革命は、黒人奴隷が自らの手で独立国家をつくった世界初の例である。そのため、これを急進的に指導した彼は、フランス革命の急進派（ジャコバン派）になぞらえてこう呼ばれる。

さて、作家の意見が分かれたため、アナウンサーさんはちょっと困った顔をした。そして私ともうひとりを見比べ、「ジャコバンですかね」と言った。違うと思ったので、もう一回食い下がった。ジャコバンと答えた方の作家が「ほら、『ジャコバン派』って言うし」と私を説得しようとしたが、それはジャコバンの後ろに「派」がくるからこその発音である。

結局、意見の一致をみないまま「ジャコバン」が採用された。こちらはまだ二〇代前半だったこともあり、年齢を重ねたもうひとりの作家の意見の方が確からしく聞こえたようだった。くーやーしー。修練を重ねている自覚があっただけに、ちょっと暴れてしまいそうだった。

相手の作家のことはとても尊敬しているし、彼は求められて自分の意見を述べたにすぎないので、その点について思うところはない。私が気にしたのは、他者と比べたとき、たいした検証もないまま意見が軽く扱われうる位置に自分がいた、という一点だ。

まあ、意見の不一致自体はよくあることだし、（大人げないなりに一応）大人なのでその場は切り替えてちゃんと仕事したのだが、後で調べてみると、ジャコバンというフランス語、およびそこから英語化した言葉の一般的な発音は、やはりジャコバンだった。

この一件からは、ふたつの学びを得た。ひとつは、専門性があるだけでは「それっぽさ」を上回れないこと、もうひとつは、信用はすでに信用がある場所に集まるということだ。どれだけ修練しても、周囲にそうとみなされなければ意見は通りにくい。

年齢は本人にはどうしようもないが、説明の仕方を工夫することや、日頃から自分の活動を人に伝えていくことならできる。それらを続けるうち、いつしか自分もそれなりの信用を得る立場となった。

ノーモアあなどり、ノーモア・トゥーサン・ルーヴェルチュール。ハイチ独立の父は、私に努力の見せ方を教えてくれた。

「お願い、誰か解いて！」――正解者0の恐怖

クイズ作家だと名乗ると、よく「難しい問題を参加者が解けなかったときって、やっぱ

りうれしいものなんですか？」と聞かれる。これは、クイズ作家の出す問題に解答者が挑戦しているイメージから来るもののようだが、実際には「頼むから解いてくれ！」と思っていることが多い。

たとえば、クイズ大会で誰も解けない問題が連続したら、どうだろうか。ひたすらクイズが読み上げられるだけで点数が動かず、「これ、何の時間？」みたいな雰囲気になる。また、テレビの場合、多額の制作費がかかっているから、得点の変動がなく視聴者がリアクションしづらい内容では、放送自体が難しい。全体の流れをテンポよく見せていかないと、視聴者がチャンネルを替えてしまうので、誰も答えなかった、つまり全体の流れに影響を及ぼせなかった問題は編集でカットになることがある。

そうなると、作家やその問題を担当したディレクターはとても残念に思う。「このクイズ、ちゃんと成立する言い回しに調整するの、すごく時間がかかったんだけど……」などと思いながら、オンエアに至らなかった問題を心の中で供養する。

正解率を考えながら作問する

こうしたわけなので、クイズ作家は基本的に正解してほしいと思っている。一方で、全員が正解する問題も基本的にはつくらないよう努力する。

そうする理由は、誰も解けなかった問題と同様である。全員が正解したということは各人の得点差は縮まらず、場が動かないということなので、観戦する側がつまらないからだ。ときには、難しい問題を挑戦者全員が正解する様をあえて見せることで、いずれ劣らぬ実力の持ち主であることや勝負レベルの高さを伝える場合もあるが、それはわずかな例外だ。

このような事情から、クイズ作家は「その問題を出したら何人くらい正解するのか」を常に考えている。番組でもイベントでも、勝負のタイムリミットがあるから、制限時間内に優勝者が決まるよう、「次の問題で三〇〇人減らさないと間に合わない」などと裏で焦っていることもしばしばである。

解く人の立場に立つ

ではどうやって正解を出してもらうのかといえば、基本的には解く人の立場に立って作問する。聞き取りやすい日本語、すぐに意味が伝わる易しい言葉、相手が興味をもっているであろう内容からの出題など、工夫のしどころは様々だ。

ときには、助詞や接続詞の聞き分けで勝敗が分かれるつくりにすることもある。次の問題を見てほしい。ちなみに、／の記号は、解き手が早押しボタンを押した時点を表す。

【問題】

問題A　六四五年に定められた班田収授法《はんでんしゅうじゅのほう》【で】／、六歳以上の男女に与えられた土地を何というでしょう？

答え：口分田《くぶんでん》

問題B　六四五年に定められた班田収授法【では】／、何歳以上の男女に口分田が与えられたでしょう？

答え：六歳

解く側も心得たもので、素直に「で」とくれば、ストレートに「口分田」と答える。一方、「では」ときて答えが「口分田」なのは不自然だ。そこで、別の言葉が正解とみて、比較的「では」を使って問われる意義がある「六歳」を答える。

また、クイズ作家は「誰か解いて！」と祈るだけでなく、参加者の見せ場がどこになるのかも意識する。たとえば、決勝戦が近づくと、ギリギリひとり解ける程度の難しい問題を出したり、同じくらいの難易度の問題ならば、決勝戦には正解の言葉の響きがかっこいい方を選んだり、といった選択をする。そうすれば、問題を解いた人の見栄えがいいので、正解が出たときに「ひとつ見せ場がつくれたな」とほっとするのだ。

わざと答えが二つある問題をつくる

ややトリッキーな作問の仕方としては、あえて答えが二つある問題を出す方法もある。クイズ作家はふだん答えをひとつに絞ることに腐心しているわけだが、答えが二つあり、そのどちらも同程度の認知度であるクイズをあえて出すことがある。たとえば、このような問題である。


【問題】

現存している種はヤツメウナギとヌタウナギのみである、顎のない脊椎動物のグループを何というでしょう?

答え:無顎類《むがくるい》/円口類《えんこうるい》

この問題で答えが二つに割れると、視聴者としては「どっちが正解?!」と手に汗握る。そしてしばらく間をつくったあと、両方に対して正解音を鳴らすのだ。こうして、両者一歩も譲らないギリギリの展開が生まれる。クイズ好きが集まる競技クイズはこの限りではないが、テレビのように多数に観られることが前提のクイズでは、この手法は有効だ。

私たちはクイズをつくることが最終目的ではなく、それを通していかに喜んでもらえるかに注力している。

まさかの「全員正解」問題！

（それ以上詳しく言わないでー！）

周囲のテンションが上がるなか、ひとり烏龍茶のコップを握りしめる。

とある上場企業さんから、「創立二五周年の記念パーティーでクイズ大会をやってほしい」という依頼がきたときのこと。イベント当日、「近藤さんも食べたり飲んだりしてくださいね」とお気遣いをいただき、ありがたく会社の人たちに交ぜてもらっていたら、乾杯前のごあいさつが始まった。

　社長さんが前に出て、スクリーンにパッと資料が映る。それを見た私は、んぐっと変な声を出しそうになった。待って待って待って、その資料、私がクイズ用に参考にしてたやつ！　ハラハラするこちらをよそに、社長さんがこれまでの会社の歴史を話しだす。起業のきっかけ、上場した年、社員の福利厚生などなど。ご本人の語り口のせいか、大変頭に入りやすい。この内容、どれも後のクイズ大会でふれるんだけどね……！

　こうした周年行事系のクイズ大会では、私はその会社にまつわる問題をたっぷり出すことにしている。それは、クイズを通して会社の意外な一面が見えたり、その場にいる人が自分の所属する組織を誇らしく思えたりする要素になるかもしれないからだ。

　作問を行う際には、たいてい担当の方に聞き取りをさせてもらう。そうすることで、会社案内には載っていないディープな情報をもらいつつ、問題案に誤りがないかをチェックしていく。

　ところがこのときは、本番まで約一か月の段階でのご依頼で、それだけならまだなんとでもなったのだが、本番が近づくにつれて担当の方に連絡がつかなくなった。どうやら、日々の業務と周年イベントの準備が重なって、手一杯のようだった。

それでもやるよ！

先方に連絡がつかないならと、この先の進行に関する報告だけ入れ、こちらで独自に問題をつくりはじめた。そのとき参考にしたのが例の資料だ。会社が外部に向けてホームページ上に出していたものだが、月並みな企業案内に留まらない色々な情報が含まれていて、とても使いやすかった。……ので、社長さんも使ったんだと思う。

式典のごあいさつにはヒヤヒヤしながらも、なんのかんので「自分、グッジョブ！」とも思った。というのも、資料の内容は公式情報として話題に出る可能性があると思ったので、直球問題を避けたクイズにしていたのである。

たとえば、「この会社は創立何周年？」でなく、「この会社と同年に誕生した、いわば同い年ともいえる有名人はどっち？」といった具合だ。これなら、創立年を覚えていても適度に迷える。

とはいえ、いざクイズ大会が始まったときにはやはり緊張した。「さっきの復習だもん、余裕で答えられるよね！」みたいな顔をしつつ、頼むからみんなの記憶よあいまいであってくれ、と祈っていた。私の内心とは裏腹に、大会は順調に進んでいく。二択クイズで進み、勝ち残った人が八人以下になった時点で早押しに移行する手筈になっていた。

少し気になる点があるとすれば、それは作問時の想定よりも不正解者が少ないことだった。うっすら乾杯のあいさつをなぞっているようなものなのでもうしょうがないのだが、たくさんの方が見事に正解してくれる。

そしてついに、事件が起こる。

サイレント土下座

出題したのは、会社の働きやすさに関するクイズだった。

【問題】
現在、この会社が一〇〇パーセントを達成しているのはどちらでしょう?
選択肢　A：介護休業からの復帰　B：育児休業からの復帰

答えは「B　育児休業からの復帰」だったのだが、これには勝ち残っていた全員が正解した。そのときのクイズ作家の気持ちを想像してみてほしい。時間が限られているのに人が減らない……！

（ついにきたか！）

皆さんお強いですね～、などとコメントしつつ、耳の奥からは自分の心臓の音が早鐘のように聞こえていた。クイズ作家同士で集まると時折話題になる恐怖の瞬間、すなわち、「択一問題で全員正解」が発生したからだ。これをクイズ番組でやらかすと、まさに土下座案件だ。なぜなら、そのクイズのせいで戦況にはまったく変化が生じず、しかも終了予定時刻までの残り時間が減るためだ。

私の身に「択一問題で全員正解」が起こったのは、現時点ではこのときが最初で最後だ。それまで先輩方の体験談を聞いてきて、どれだけ気をつけてもいつかはやると思っていた。収録など時間配分がよりタイトな場で発生しなかったのは、まだ不幸中の幸いといえるかもしれない。あの周年イベントでは、あらかじめ「多少時間が前後しても大丈夫ですよ」と伝えられていた。

実際、司会の人がちょっと残り時間を気にした風であったことを除けば、場の進行に誰も疑問を抱かなかったようだ。私自身は心のなかでサイレント土下座をキメていたけども。

その後も二択クイズを続け、どうにか予定の早押しラウンドに移行した。早押しが始まってしまえば、あとは文字どおり早い。使うクイズはたいてい正解が出る難易度にしているので、あと何問で勝負が決まるか、ぐっと時間が読みやすくなる。最終的に、所定の時間内で順位の決定もでき、主催側が用意していた豪華景品が社員さんの手に渡っていった。

クイズ大会後、社長さんからは「盛り上がりましたね～。すごく面白かったです！　知人たちの会社にも自信をもっておすすめしときますね！」とのお言葉をいただいた。楽しんでもらえていたなら、本当によかった。飲みかけの烏龍茶の味が、やっと戻ってきた。

コメンテーターの当意即妙の凄み

ニュースからバラエティ番組まで、幅広く活躍するコメンテーター。彼らは、番組内で扱われていることがらに対して自分の知見や経験をもとに発言し、議論を活性化させたり、視聴者の理解を助けたり、共感を呼んだりする。当然、ときには専門から外れることについてコメントを求められることもある（そっちの方が多いかもしれない）。

そんな放送を観たネットユーザーからは、門外漢にしゃべらせるな、あの程度なら誰でもいいじゃん、といった意見が出るわけだが、一見なにげなくこなしているように見える彼らの能力は、実はとても高い。

たとえば、クイズ番組には色々なジャンルの問題が出るから、全問題について専門ど真ん中のコメンテーターに来ていただくことは、費用的にも番組制作側の労力的にも難しい。もちろん、スタッフは情報の精査の段階で各専門家にあたっているが、対応してくれた専門家が内容の正誤判断に加えて人にわかりやすく伝えられることまでできるかといえば、それはまた別問題だ。

そこで番組側は、たとえば学者を対象に文系に強い人一名、理系に強い人一名、世界情勢に強い人一名、といった具合に声をかける。このようにして番組に出てくれることになった先生方のお手伝いをするのも、クイズ作家の仕事のひとつである。

キレキレの反応

ある日、こんなことがあった。

その日収録したテレビ番組では、問題に挑戦する人たちが主役で、コメンテーターは彼らの能力をわかりやすく伝える係だった。そのためには出題される内容に関する理解が必要なのだが、歴戦の先生方も、初見の問題をパッと見てすぐ解くのは難しく、時折、収録の合間に「作家さんお願い！」と声がかかる。

呼ばれたクイズ作家は先生方に問題の仕組みやポイントとなる部分をお話しするわけだが、「なあんだ、種明かししてもらってるんじゃん」と思った方、たいしたことないと捉えるのは、まだ早い。

方々の番組で重宝されている先生方は、多くの場合目の前に突然出てきた問題を自力で理解なさるし、少しわかりづらくて作家からほんの少し情報をお渡ししたときでも、反応が本当にキレッキレなのだ。一を聞いて一〇を知るどころでなく、本来の専門からは離れた話であっても、「なるほど、○○と同じ仕組みね」「この問題が解ける人は、脳の△△の能力が強いはず」などと、ご自身の知識や経験と結びつけながら鮮やかにコメントをまとめていく。その理解の速さや発想力は、常人には到底追いつけない。そういった場面を目の当たりにするたび、プロだなぁ、すごいなぁ、と思うしだいである。

また、番組でコメントするということは、その内容が衆目にさらされ、たとえその場の主役でなかったとしても否応なく評価の対象となってしまうということだ。いまはネット社会だから、うっかり誤ったことを言えばすぐに拡散され、本人の信用問題にもなる。そのリスクをわかったうえでコメントするというのは、相当な機転や胆力を要する。

通販番組のコメンテーターの強さ

ところで、コメンテーターのなかには、特定の分野を専門としながら先々の活躍の場を広げるために、踏み台的に仕事を引き受ける人もいる。そういった人の場合、視聴者に自分をよく見せようとするあまり、その場に合わない発言をしたり、クイズを解く挑戦者のすごさを見せていく場面でうっかり彼らと張り合ってしまったりすることがある。これは、いわば役割をわかっていないまま役に就くようなものなので、オンエアできるコメントがほとんどなく、当然のことだが、次の放送回には声がかからない。

個人的に、百戦錬磨のコメンテーターのなかでも特に凄まじいと感じるのは、通販番組で長く生き残っているタレントさんだ。こういった人がクイズの勝負を見守る係になると、視聴者目線でしっかり驚き楽しんでくれるのはもちろん、褒め言葉のバリエーションが豊富で気が利いているので、番組の宣伝用に思わず使わせてもらいたくなるような名コメントを生み出してくれる。

解答者と傍観者の違い

ここまで、コメントする側の能力や胆力について話してきたが、彼らに見守られる側、すなわちクイズに挑戦するプレイヤーも、結果を残すには機転や胆力、そして経験値が必要だ。クイズプレイヤー同士の大会で負けなしだった人が、照明が当たりカメラが回る場所に来たとたんガチガチになって何もできず散ってしまったという例は、枚挙にいとまがない。

お茶の間でクイズ番組を観ていると「あれ、こんなのもわからないの？」「意外とたいしたことないな」と思うことがあるかもしれないが、観るのとやるのでは大違いだ。仕事でいえば、他人のプレゼンを聞いているときには、足りない部分が見えたりもっとこうすべきという点を指摘できたりするが、いざ自分がやる側になると用意した原稿をこなすので手一杯で、質問が出ても満足に答えられない（そして後で落ち込む）、という展開に似ている。

かくいう私も、うっかりコメント係を務めるときや、なぜか視聴者とクイズ対決をする企画に巻き込まれることがある。そういった案件を冷や汗もので乗り切ったとき、笑顔で解説をし、ときにすてきなリアクションまでくれる先生方を思い出すのだ。ほんと、世の中にはすごい方々がいらっしゃるものだなぁ、と。

事件が起きると収入の危機！

ここではわれわれの収入の中身についてふれていこうと思う。

クイズ作家の収入には、大きく分けて三つのパターンがある。具体的には、「①一問あたりいくら」「②一案件いくら」「③一回公表でいくら」だ。

①はゲームなどに問題を提供する場合に多く、②はイベントや特番に関わった際、③はテレビのレギュラー番組で多く見られる形態である。①②はわかりやすいのだが、問題は③だ。この場合、たとえ実働していても公表（主にオンエア）がなければ収入にならない。

というのも、民放のテレビ番組にはスポンサーがつくからである。放送されればスポンサーのCMが流れるが、オンエアがないと宣伝が流れないので、出資者にとっては意味がない。そのため、放送がお蔵入りした場合、オンエアしていれば入ったはずのお金は作家の手元にやってこない。テレビ局の都合で番組を差し替えた場合など、補償が発生するわずかな例外はあるが、オンエアがなければ収入にならないのが基本スタイルだ。

つまり、大きな事件や災害の発生は、クイズ作家にとってもまったくありがたくない事態である。こうしたときには臨時の特番が組まれがちであるため、代わりにレギュラー番組の放送が飛ぶ（なくなる）ことになる。報道に携わる人には急ぎの業務が発生するが、バラエティを主戦場とするクイズ作家にとっては、それはそれで一大事である。入るはずだった収入が一放送分どこかに行ってしまう。

たとえば、新型コロナウイルスの感染症が流行したときには、東京オリンピックが一年延期になった。その都合で、本来オリンピックの時期に放送するレギュラー番組のために集めていたオリンピック絡みの問題は、少なくとも向こう一年使えなくなった。

そうはいっても翌年楽ができるのでは？　と思われるかもしれないが、クイズには、そのとき・その場所だからこそ映えるものが多数含まれる。そのような問題は、次の年には使えない。たとえば、「日本勢初のメダル獲得からちょうど五〇周年」といえる年に用意していた問題は、一年過ぎたら五一周年だ。たとえ無理に出題しても、「お！　そうなんだ！」と思えるキャッチーさはなくなる。

ちなみに、東京五輪は二〇二一年開催となり、翌二〇二二年には北京の冬季五輪も開催された。オリンピックが連続したことで、試合の中継や五輪特番が組まれてレギュラー番組の放送が減った。また、東京五輪用にたっぷり用意していた問題のいくつかは時節を外れて出題に適さなくなった。

加えて、二〇二二年の夏には、安倍晋三元総理が銃撃により亡くなった。事件が起こったのは金曜日で、私の関わるレギュラー番組の放送日だった。事態が事態だけに番組の放送が見送られるのは仕方がないのだが、冬にオリンピックでオンエアが減る番組が、夏のその晩にも一回飛んでしまった。

災害の影響も

事件以外には、自然災害も作家の収入に影響する。二〇二四年一月一日、関わっていた元日特番を楽しみにしていたところ、その日の夕方に能登半島地震が発生した。このときはさすがに、家や家族を失う人がいるわけで、すぐに諦めるしかないと思った。

番組スタッフからも、今夜の放送はあるかわからないという連絡が届き、寝る間を惜しんで制作した時間が無に帰すことを覚悟した。しかし、数時間後、テレビが災害報道から予定されていた放送に少しずつ切り替わりはじめた。これは、東日本大震災などの教訓で、災害という非日常に突然放り込まれたとき、一律の自粛よりも日常を感じられるテレビやラジオの番組に救われたという例が多数報告されていたことで行われた判断であろうと思う。

このようないきさつで、私たちの番組もなんとか放送することができた。もし放送予定がもう少しずれていたら、今度は翌二日の羽田空港飛行機事故でオンエアがなくなっていたかもしれない。二〇二四年の正月は、全国で報道されていた大きな災害や事故の裏で、クイズのいち作家にもこんなことが起こっていた。

備えあれば憂いなし

さて、こうした不運は突然やってくるが、日頃から備えておくことは可能だ。特に、自分で事業をしている人やこれからしようという人には、リスクヘッジが欠かせない。

私の場合、コロナ禍や重大事故・事件が連続した時期に有効だったのは、あらかじめ確保していた系統の異なる収入源だ。テレビ業界でやっていける作家は、日常的にはそれだけで食えている。時間との勝負もあり、新規顧客の開拓よりも、目の前の仕事をこなすことを優先しがちだ。ただ、これでは得意先が傾いたとき、自分も沈むことになる。

折しも二〇一九年、インターネットの広告費が初めてテレビのそれを上回った。そうなってもさしあたって生活に支障はないのだが、「これはチャンス」と行動を始めた。具体的には、ウェブ案件への参入だ。いまごろ？　と思われるかもしれないが、私にはそれまでたまたま必要のないものだったのだ。作成した問題はテレビやイベントで流れていたし、企業や大学での講演もあった。また、個人的な好みで紙媒体を重視していたので、積極的にネット案件を取ることはなかった。ところが、この方針を変えて影響力のあるウェブ媒体と組んだところ、テレビを観ない層にもリーチできるようになった。

加えて、サッカーなどのスポーツイベントで放送が飛ぶなら、そのスポーツが盛り上がる時期に閲覧数が上がるサイトと結べばよいと考え、スポーツ系のウェブマガジンで連載を始めた。こうして活動を広げるうち、ウェブ記事をきっかけとした取材・出版依頼が入るようにもなり、大好きな紙媒体での仕事にもよい循環が生まれた。SNSや自分の関わった案件の宣伝をあまりしない私にとっては、成果物が勝手に広報をしてくれるよい機会だった。

なんにしても、世界は平和であってほしいものだ。ほんと、生活に響くので。

【このビジネスクイズ、解けますか？】

問題11　スーツのおしゃれな着こなしに使うカフスボタンは、もともと何のために発明されたといわれる？

選択肢　A：武器　B：汚れ防止　C：非常食

問題12　次のうち、お菓子メーカー・明治の社員が使う名刺の材料になっているものはどれ？

選択肢　A：カカオ　B：バナナ　C：牛乳

問題13　明治時代、郵便汽船三菱（現・日本郵船）が日本初のボーナス（賞与）を出しました。さて、どんな理由で出た？

選択肢　A：創業者に孫が生まれたから　B：税金対策のため　C：ライバル会社に勝ったから

問題14　英語のビジネススラングで「デスクジョッキー」といえば、どんな人物のことを表す？

選択肢　A：ずっと働いている人　B：文句が多い人　C：何もしない人

問題15　電話に出られなくても相手の用件を記録してくれる留守番電話機能。この機能はもともと何のために開発された？

選択肢　A：就職の内定通知を受けるため　B：出前の注文を受けるため　C：借金取りから逃れるため

問題11〜15の答え

問題11の答え――B：汚れ防止

解説　兵士が軍服の袖口で鼻水を拭くのを見たナポレオンが、それをやめさせるためにつけたのが最初といわれる。

問題12の答え――A：カカオ

解説　明治ではカカオが一大事業であり、チョコレートの材料になるカカオ豆の皮と、自然が分解できるプラスチックを使った名刺が存在する。名刺はカカオの効果でうっすらとチョコレートのような香りがする。なお、明治ではないもののバナナの繊維製の名刺も実在しており、私も複数社の人からもらったことがある。

問題13の答え――C：ライバル会社に勝ったから

解説　明治九（一八七六）年、日本近海に進出してきた世界最大の海運会社との航路争いに勝利。この勝利を得るまでには社員の協力が不可欠であったことから、創業者の岩崎弥太郎が全社員に賞与を出した。その金額は、各人の給与の一か月分ほど。なお、現在のようにボーナスが毎年恒例のものとなったのは明治二〇年代からだといわれる。

問題14の答え――C：何もしない人

解説　音楽をかけるディスクジョッキーに引っかけた言葉で、机に座っているだけで何もしない人のことを意味する（ディスクジョッキーはちゃんと働くのに、ひどい）。ちなみに、一般に「枯れ木」という意味のdeadwoodは、ビジネススラングでは役に立たない人や物を表す。

問題15の答え――C：借金取りから逃れるため

解説　日本の発明家・橋本和芙《かずお》さんが電話番号の前の持ち主にかかってきていた借金取りの督促電話から逃れる目的で開発。それがアメリカでヒットし、現在ではたいていの電話についている基本的な機能となった。

第4章

情報の扱い方で生き残る

――得意分野とその伸ばし方

実は「女性目線」が苦手です

クイズ作家を始めて二年目、まだ一〇代だったころのこと。

とある番組に呼ばれ、会議に出ることになった。現地に着くと、担当のディレクターさんが作家陣を他のスタッフに紹介する流れになった。「この人は地理の問題が得意」「この人は理系が専門」など、名前だけでなくそれぞれの長所を付け加えながら進行してくれる。となると気になるのが、自分はどう紹介されるかだ。ほんのり期待しながら、番を待っていた。

「近藤さんは……女性目線で」

私に関する紹介は、これだった。たしかに作家は男性ばかり、女性は私ひとりだ。とはいえ周囲が能力や得意分野で紹介されているのに、自分だけ属性で語られるとはどういうことか。しかも、名前と紹介内容の間には、不自然な「……」という間。何も思いつかんかったんかい！　最初はイラっとし、その後悲しくなってきた。

その日の会議はほとんど身が入らず、内容もあまり覚えていない。話は聞こえるものの、驚くほど頭に入らなかったので、後で見返せばなんとかなるよう、細かい内容までやたら作家二年目は、問題の採用率が上がりリピートのお客さんもついて、仕事が安定した時期だった。わずかに自信が生まれ、前向きに取り組んでいた矢先に、これだ。正直落ち込んだ。

というのも、私は「女性だから」と言われるのが好きじゃない。生まれたのがかなりの田舎で、なにかあるとすぐに「女のくせに」「女じゃ話にならん」と言われるようなところだった。だから、女性であることを「うまく使う」のも嫌いだし、評価を得るなら性別以外の部分でと努力してきた。たとえば、クイズ作家の男性率は約九割で、この道一本で食べられていない人も入れれば、その割合はさらに高くなる。周囲から聞くところによると、テレビの全国ネットの案件を、他人の代理などでなく自分の名前で取り続けている現役女性クイズ作家は私ひとりらしい。でも、これを売りにする気はない。勝負するなら、先天的にたまたまもっていたものでなく、後天的に獲得したもので挑みたい。

マイナスからの覚醒

さて、その晩はカブトムシの幼虫並みに丸まって布団ですごした。ひとしきりぐったりし、やっとボウフラくらいには体を伸ばせるようになったとき、ふと気づいたことがあった。——先天的な属性で紹介されたということは、それ以上に印象に残るものがまだないということか？

これに思い至ると、例のディレクターさんの言動はむしろ友好的なものであった可能性が出てきた。たいした特徴のない作家を、全体に対してなんとか印象づけてやろうとした結果、無理矢理捻りだした「女性目線」発言だったのかもしれない。いずれにせよ、自分にまだ伸びしろがあるのは確実だった。

それ以来私は、手間がかかるとわかっている問題や、他の作家が手を出さない分野にも積極的に取り組むようになった。たとえば、古代の言語を文法から学び、当時の語順や単語に沿って文章を作成し、パズルのようにして解ける問題をつくったことがある。

これには数か月かかったが、古代のロマンが感じられ、解いた人がかっこよく見えると高評価をもらった。また、空飛ぶ鳥の写真を見せて、「この鳥が飛んでいく場所はどこ？」といった問題をつくったこともある。この問題は、「そんなのわかるの？」という驚きを狙う一方で、鳥の種類にピンとくれば自ずと答えが絞られるものだった。

一〇代のあの日、「女性目線で」という話が出ていなければ、私はクイズ作家として生き残れていなかったかもしれない。仮に続けていたとしても、依頼側と対等に選びあう関係には行きつけなかっただろう。あのときの気づきと悔しさが、いまの私をかたちづくっている。

忍者走りを何とよぶ？

漫画やアニメで見かける忍者の走り方。両手を体の後ろに伸ばし、前傾姿勢で疾走する様を、道ゆく子どもたちがよく真似している。あの走り方は、いったい何という名前なのだろう。ふと気になって知人に聞いてみた。

「あの『NARUTO』とかに出てくる忍者の走り方、何ていうんでしょうね」

「？」

まったく通じなかった。

「ほらあの、腕を振らずに風になびかせる」

「あー、禰豆子《ねずこ》っぽいあれか。アラレちゃん走りかなぁ」

アラレちゃん走り!? NARUTOじゃなくて？ というか、しれっともう一択増えた。禰豆子……あー、あれだ、『鬼滅の刃』だ！

大人二人の頭では謎が深まるばかりだったので、ネットの集合知に頼った。すると、あの走り方には色々な呼び方があるようで、「ジェネレーションギャップの渋滞」などと紹介されていた。なんでも、世代によってピンとくる名前が違うらしい。人によっては、「ハットリくん走り」ともいうそうだ。忍者→鬼（兼ヒト）→ロボットときて、図らずも忍者に戻ってきた。

このとき話していた相手は、そろそろ五〇代に手が届くか、という歳だった。彼の世代（または属するコミュニティ）で伝わりやすいのは、きっと「アラレちゃん走り」なのだろう。一方で、『鬼滅の刃』は、この会話当時その人が熱心に読んでいた作品だった。そういうわけで、昭和と令和が混在した回答になったようだ。

特定の動作の呼び方で世代・嗜好がうっすらわかるとは、ちょっと怖・笑

忍者走りその後

先の会話は仲間内の雑談だった。そのため、「一定した呼び名はないんですねぇ」くらいのふわっとした着地で終わったのだが、再度調べてみたところ、当時はまだ出ていなかった情報に出会った。

なんと、『NARUTO』オフィシャルサイトが、二〇二三年に「『ナルト走り』でプロのランナーが50mを全力疾走すると？　三津家貴也《みつやたかや》が〝忍の走法〟で最速を目指す」というコラムを出していた。その記事には大学教員や現役のランナーが関わっており、フィクションの世界が真面目かつ科学的に検証されていた。

コラムによると、あの走法は江戸時代の「ナンバ走り」に近いらしい。ナンバ走りとは、諸説あるが江戸時代の飛脚などが使っていたとされる走り方で、腕と足を同時に前に出し、体のひねりを少なくできることから、持久力に長けているといわれる。

検証の結果、忍者走りにも似た傾向があるそうだ。腕を振るときに比べ前進する力は弱いものの、それでも五〇メートルを六秒台で走れていた。また、体の軸が一本である現代の走法に比べ、左半身・右半身それぞれに軸がある状態に近いため、軸を素早く入れ替えることで小回りが利き、敵襲への反応が速い可能性があるという。

画《え》的な疾走感の演出だけでなく、実際に役立ちそうな面もあるとは、漫画の表現ひとつとってても興味深い。

集合知の活用

先述のように、ネットの集合知はうまく使えば面白い情報に出会うきっかけになる。言葉が商売道具の人や、会話力を磨きたい人には、特に便利だと思う。人間ひとりの頭ではなかなか思いつけないことも、大人数が集まるインターネットを介せば、ほしい事例や応用可能な表現に効率よく行きあたれる。

ある日、経営者仲間がネットで話題になった表現集を共有してきた。そこには、「ガンジーが助走をつけて殴るレベル」と書いてあった。ガンジーといえば、非暴力主義で知られるインド独立の父だ。そんな彼が暴力に訴えざるを得ないとは、殴られる側はいったい何をしでかしたのか……！

どうやらこれは、有名なネットスラングらしい。二〇一〇年ごろに2ちゃんねるへの書き込みから広まった表現で、似たつくりの言葉には「ナポレオンが不可能と言い切るレベル」「与謝野晶子が『君死にたまへ』と言うレベル」などがある。なお、どれも書き手によって多少の表記揺れがあるので、同じ素材でも助詞ひとつ・単語ひとつで文章の歯切れが変わる。そうした部分が、文章表現を考えるうえで勉強になる。

件の仲間は、こうしたフレーズをたくさんストックしている。一行で情景が浮かぶ表現を選び、自分でもつくってみては、会議や会食を盛り上げて人を喜ばせる。一瞬の会話を商談につなげるのも得意だ。「エレベータートーク」というと、一般にはエレベーターに乗っている程度の限られた時間と場所で簡潔に意図を伝える会話法のことだが、この人は、文字どおりエレベーターに乗っている最中の会話で大口の顧客を開拓してくる。ご本人が「あの会社さん、四階で助かったわ」と言っていたときには、正直舌を巻いた。

また、私の場合、こうしたコメント集は現代人が把握しているものごとの範囲を探るときにも使う。というのも、ワンフレーズで即座に笑いをとれるということは、扱われる内容が説明不要だということに他ならないからだ。自分にとって既知の情報だとつい認識が甘くなりがちだが、ふだんふれている物事が違う人との会話では、通じると思って口に出したことが意外と通じない、ということはよくある。これが日常会話で起こった場合、ちょっと気まずい程度ですむが、仕事としてクイズをつくるときには、このズレが大きく響く。受け取り手が一度「興味ない」「どうでもいい」と思うと、次の瞬間チャンネルが変わるからだ。

そんなわけで、扱う内容が常識なのかそうでないのかは、こまめにチェックする。受け取り手に未知のものを届けたければ、相手の既知が何なのかをある程度知っておくのが近道だ。

人名以外には、話題の内容がよく知られたエピソードなのかも気にする。「ナポレオンが不可能と言い切る」が楽しまれるのは、「余の辞書に不可能はない」というフレーズがそれなりに浸透しているからだ。同様に、「君死にたまへ」が通じるのは、与謝野晶子の詩『君死にたまふことなかれ』の知名度が高いからだ。こんなふうに、受け取り手がもっている情報は何か、そこからどう外せば興味をもたれやすいのかを考えると、会話や仕事のきっかけを摑みやすい。

センスは量

人の心に刺さるものとそうでないものを見分けるには、実践も必要だ。人に伝えたいことがあるのなら、実際に発信を重ねることで、受け入れられやすいかたちにブラッシュアップしていける。スベッた自己紹介や不発に終わったギャグも、人前で別の表現を試すと意外とウケたりするものだ。

そうしていくうち、望んだ結果を得やすい「型」のようなものができてくる。クイズでいえば、難問は三択に変える、初耳の人にも伝わりやすい言葉を選ぶといった判断が、以前より速く迷いなくできるようになる。それが、仕事に習熟する、ひいてはプロになるということだ。

さらに実践を重ねると、捨てるに惜しいものを目的のために捨てられる段階がやってくる。これはたぶん、経験によって自己と自作が切り分けられるようになるからだ。まだ出力が少ないときは、限られた一回ですべてを出し切らなければ後がない気がする。それゆえかえってごちゃごちゃとして、言いたいことが伝わらない成果物になってしまう。しかし、継続してチャンスを摑めた実績と、この先もそうすることが可能だという自負が育っていれば、作者と作品に多少のずれがあっても許容できるし、情報は一番良いタイミングで出そう、という考えになってくる。

私や周囲の経験上、この段階に進んだとき、急に「そのセンスってどこからやってくるんですか？」と聞かれるようになる。実際のところは、やってくるというよりも、こちらから出向いている、が近いかもしれない。たくさん場数を踏み、もう帰りたいと思うような失敗もしつつ、うまくいったパターンを少しずつ蓄積していくこと。センスとはそれらの結果であって、質を連れてくるのは量だ。

このとき重要なのは、「思考」し続けることだ。考えるのをやめると、実践はただの反復作業と化し、成長が遅くなる。「ずっとこのやり方でやってきたから」という前例の踏襲も要注意だ。間違いや非効率が長年にわたって放置される可能性がある。

悩める人は「アメリア・イアハート狙いで」

どうしたら人に認知されるのか。タレントの卵や自社のサービスを広めたい経営者などには、気になる問題だろう。このネット社会、人の口の端にのぼったものは売り上げが伸び、多少単価を上げても需要が維持できる。

その前段階としてまず話題になるには、人伝てに広まっても鮮度が損なわれにくい、わかりやすい情報があると便利だ。たとえば、〇〇一位、△△唯一といった評価は使い勝手がよい。そこで私は、悩める方々にしばしば「アメリア・イアハート狙いで」と答える。

アメリア・イアハートはアメリカの飛行士だ。女性として初めて大西洋単独横断飛行を成し遂げ、クイズにもよく出題される。彼女の名を冠する言葉に、「アメリア・イアハート効果」というのがある。これは、ざっくりいえば、切り口を変えれば一位になれるというマーケティング用語だ。

実は、イアハート以前に大西洋単独横断飛行をした人物は複数いる。世界初は一九二七年のチャールズ・リンドバーグ。プロペラ機でアメリカからパリに飛んだ人物で、自伝の邦訳タイトルをアレンジした映画タイトル『翼よ！　あれが巴里の灯だ』で有名だ。彼の後にも同様のチャレンジで成功した人はいたらしい。しかし、その名はこんにちよく知られていない。それなのに、なぜ彼らより後で達成したイアハートが、世界初のリンドバーグ並みに有名なのか。それは、リンドバーグらは男性、イアハートは女性ということで、切り口の違う一位になれたからだ。

こういう話をすると、決まって「いいよな、女は」と言う人がいる。が、そういう話ではない。ちらっと想像すればわかると思うが、女性なら誰でもこの名声が得られたかといえば、そんなことはない。本人の行動の結果であって、それが他人から見て珍しければ記録に残ることもあるという話だ。

日本一は難しくない

閑話休題。「アメリア・イアハート効果」において重要なのは、性別でなく、切り口の新しさだ。たとえば、アイドルはたくさんいるが、農業アイドルや競輪アイドルといえば、その数はぐっと少なくなる。レトルトカレーはたくさんあるが、世界初の市販レトルトカレーといえば、もうボンカレー一択だ。

このように、認知度アップを図りたいものがどんな切り口なら一位になれるのか、あるいは特殊な位置にいると捉えられるのかを考えれば、有利な売り出し方が見えてくる。

人のことだけ言って終わるのはフェアじゃない気がするので、ふだん私がどのようにこの効果を使っているのかという話もしておこうと思う。まず、二〇二四年現在、日本人は一億二〇〇〇万人ちょっといる。このうち、専業のクイズ作家というともう一〇人くらいになるし、「トリビアの殿堂（クイズや雑学に関する国際賞）」で殿堂入りしている人間となると、もはや私ひとりだ。

そういうわけだから、切り口さえ工夫すれば、日本一や日本唯一になるくらいはさほど難しくない。なにせ『ギネスブック』には、「だからどうした」といいたくなるような世界一が多数ある。誰もやっていないことを所定の手続きで達成すれば、案外一番にはなれるわけだ。となると、一位を獲る場合、「だからどうした」対策も考えておくとよさそうだ。

これまでクイズをつくってきた経験でいえば、同じ「一位」に関する記録でも、「だからどうした」と「へぇ！」の分かれ道は、おおむね受け取り手の興味の範囲内に入り込めたかどうかだった。

そのため、クイズで日本一や世界一の情報を扱う際には、その話題はそもそも相手が興味をもてることなのか、少し遠い場合はどんな枕詞を入れれば射程内に入るのか、という観点で考えることが多い。

たとえば、「卓球のアジア選手権で日本代表が優勝した」という情報だけだと、専門外の人にとってはイマイチ想像がつきにくい。そこで、「卓球のアジア選手権で日本代表が優勝した。中国を破っての優勝は実に五〇年ぶり」などと補強し、スポーツに関心がない人でも、「へぇ！」と思いやすい構造にしていく。

ところで、さきほどちらっと話に出た「トリビアの殿堂」だが、クイズや雑学に関する国際賞という説明だけでは実態が謎だと思う。これは、二〇一一年にカナダで始まった賞で、北米のテレビや新聞に情報を提供する会社の主催だ。歴代の殿堂入りリストには、『ギネスブック』の創設者であるマクワーター兄弟や、アメリカの俳優・司会者で世界的に著名なクイズ番組『ジェパディ！』（日本の『クイズグランプリ』のベースとなった番組でもある）の製作総指揮を務めたマーヴ・グリフィンなどがいる。

「トリビアの殿堂」では、主催側がノミネートした人物に対し、全世界からの投票が行われ、受賞者が決まる。この賞にノミネートされた日本人は私が初めてだったので、受賞が決まったとき、自動的に日本初の受賞者になった。……のだが、長々と説明するのは退屈のもとだ。そこで、受賞についてなにか聞かれたときには、「『ギネスブック』の創設者・マクワーター兄弟が殿堂入りした賞で同じく殿堂入り。クイズに大きな影響を及ぼした二人と並べるなんてうれしい！」くらいの話にしている。

それにしても、太平洋を挟んで一万三〇〇〇キロ以上向こうから見つけてもらえるとは、ありがたいことだ。何の前触れもなくノミネートのお知らせが届いたときは、「新手の詐欺か?!」と思ったけども。

「他人の案」を通せる人が生き残る

知り合いに「昨日何してたの？」と聞かれ、「宿題」と答えると、しばしば「大人なのに？」と半笑いされる。この「宿題」とは、企画会議に持ち寄るクイズや番組内容の案のことで、学校の夏休みの最後にでんと控えるアレのことではない。

企画会議ではよく「次回までの宿題は〇〇ね」といった指示がなされるため、次の会議で出す提案内容のことを、関係者間ではこう呼んでいる。

さて、テレビの企画会議にはたいてい複数の作家が参加する。みんなで案を持ち寄って、あーでもない、こーでもないと話し合うのだが、このときのふるまいには性格が出る。提案された問題の模範解答以外の答えにいち早く気づく人、自分の案を積極的に通そうとする人、資料づくりが上手でひとこともしゃべらないまま採用を連発する人など様々だ。そうした場で二〇年ほど生き残った結果、ひとつわかったことがある。それは、多くの案件で頼りにされる人ほど他人の案を成立させるのが上手い、ということだ。

たとえば、とある大型特番で新趣向を試したいといった話が出たときのこと。建てつけ上はクイズ番組なのだが、一般的な問題じゃつまらない、もっと大がかりなものを、というオーダーが出た。歴史ある特番の場合、こういったことが時折起こる。

長寿企画だけに立ち上げたころのメンバーはもうおらず、その局のレギュラー番組をつくっているチームが持ち回りで担当するため、チームのトップが変われば番組の方針も変わっていく。

その結果、前回までは好んで採用されていた傾向の問題が、急に見向きもされなくなることがある。この特番で実際に起こったことに即していえば、以前は答えが気になる、つまりCMを挟んでも離脱せず観続けてもらえるようなクイズが採用されたのに対し、演出さんが変わったとたん、クイズで扱う情報の面白さは重視されず、解答方法の派手さや答える過程でどれだけ体力を消費するかなどが重視されるようになった。

案の定、多くの作家が迷走した。私も同様で、会議開始から二か月経っても採用ゼロ。色々な方向の案を出してはボツになり、案を出してはボツになり、という状態だった。実は旧体制では問題採用率一位だったのだが、通常ならばアピールポイントになる情報も、新体制下ではもはやはずかしくて口にも出せなかった。

別格のふたり

そんな、あまりに成果の出ない日々でも「次こそやるぞ」と前向きに取り組み続けられたのは、その場にいた別格ともいえるふたりの放送作家のおかげだ。ひとりはお笑い畑出身で、新体制の演出さんとは長い付き合いの人。もうひとりはクイズを強みのひとつとしつつ他分野の有名バラエティにも多数関わっている人だ。

おふたりは、どちらも一度に提出する案の数は少なめだった。それでも会議二回あたり一回は採用が出ており、当時の私は「何をしたらこうなるのか」と、彼らの資料を視線で焼き切れるほど読み込んでいた。

結果、最低限の言葉で直感的に理解できる資料に仕上がっていること、クイズで挑戦する内容が、何かを食べる・何かを取るといった人間の根源的な行動に結びついていること、流行りの素材を適度に取り入れていることなど、クライアントが「これならいける」と思える要素が多数含まれていることに気づいた。しかし、そういった資料よりすごいのは、彼ら自身だった。

よく観察していると、このふたりは他人の案のアシストが抜群に上手かった。アイデアは面白いけれど何をもって正解とするかの判断が難しい問題であれば「判定方法を◯◯にすれば現場の動きがすっきりしそう」、クイズは成立しているものの「よしやろう」と乗り気になれるだけの決め手に欠ける場合は「△△を組み合わせるとイマっぽい」などと、次々と案を出していく。

そうした意見によって実現の絵面《えづら》が見え、いくつも企画が拾われていった。案を出した作家はほっとした表情になり、チームのトップは少しずつ番組の輪郭ができていくことに満足げだった。

打ち合わせの目的は何か

会議に呼ばれる作家は、仲間であると同時にライバルだ。そのような背景から、こうした対応に一度は「持てる者の慈悲か？」と思ったこともある。しかし彼らの行動には自らの善性を自覚している者特有のべたつきがなく、終始穏やかだった。

そこで私も、現実にうまくいっている方法なのであればちょっとやってみようと、わからないなりにふたりの真似をしはじめた。すると、同じアシスト系の意見でも、通りやすいときと通りにくいときがあることに気づいた。簡潔にいうと、通りやすいのは場の目的が達せられる意見、通りにくいのは自分の能力を示すための意見だった。

文字にすれば「そりゃそうだ」と容易に想像がつくが、案件の渦中で自身が評価にさらされているとき、場の目的を見失わないことは意外と難しい。

例の特番の場合、数か月に及ぶ会議は「面白い番組をつくる」ために行われたわけだが、場の目的よりも個人的な目論見（作家としての存在感を示すことや、これを機に次の案件につなげたいといった気持ち）が優先された場合、よい案はかえって出にくくなる。

当然他者の案にも辛くなりがちなので、下手をすると出た意見に対しダメな理由・実現できない理由ばかりが並べられるという、本末転倒でギスギスした空間ができあがる。

この一件以来、私は以前よりも「その行動の目的は何か」を強く意識するようになった。こうすることでチーム全体の収穫に少しずつ貢献できるようになり、初めて参加した場でも結果が出やすくなった。また、仕事以外でも、目的を見失って議論のための議論をする人たちに関わらずにすむようになったため、プライベートの充実にも大変有効だった。

宴会でクイズを求められたら、こう切り抜ける

「なんかクイズ出してよ！」

クイズ作家が飲み会に行くと、高確率で言われる言葉だ。相手は気楽な調子だが、こちらにとっては大問題である。この言葉が出た瞬間、ビールの味はどこへやら、お通しのもずくが箸をすり抜けるというプチストレスもどこかに飛んでいく。

クイズ作家はクイズをつくる仕事なので、そこには当然対価が発生する。それを無料で、しかも座興でやれというのだから、安居酒屋の冷凍刺身並みの冷たさで断っても差し支えない。

ところが、長く生き残っている作家はたいていこの無茶振りに応える。なぜなら、その

一問で、クイズの対価より大きなものを得られると知っているからだ。特に、飲みの場には色々な業種の人が来る。クイズプレイヤーやメディア関係者なら「クイズ作家」という職業に聞き覚えがあるかもしれないが、ほとんどの人はそんな仕事があることを知らない。

であれば、この無茶振りはむしろ広告宣伝のいいチャンス！　相手が勝手に言ってきたのだから、こちらが出しゃばったことにもならない。というわけでちょっとテーブルを見まわし、ポテトサラダに目をつける。


【問題】

そこにポテトサラダがありますね。では、それにちなんで、ポテトに関する問題です。次のうち、実在するジャガイモはどちらでしょう？

A：男爵イモより おいしい「伯爵イモ」　B：メークインより大きい「メーキング」


男爵イモ、メークインといえば、野菜に詳しくない人も知っているジャガイモの有名な品種だ。そこに、いかにも実在しそうな関連性のある名前を添えて出題する。テーブルにあるものからクイズをつくるのは、ズバリ即応力を見せるため。実際にその力があるかどうかは問題ではない。周囲が気持ちよく驚けるポイントをつくるために、力があろうがなかろうが無理矢理えいっとやるのである。

なお、さっきの問題の答えは「A：男爵イモよりおいしい『伯爵イモ』」だ。北海道などで実際に栽培されている「ワセシロ」という品種の俗称で、男爵イモの品種改良によって生まれ、男爵イモよりも煮えやすくしっとりと甘いことから、より上級の貴族の称号である「伯爵」と名づけられた。

こうして場が盛り上がれば、自分の仕事とキャラクターを知ってもらうきっかけになる。その場で「楽しい！」と感じてくれた人のなかには、クイズが他者の耳目を引けるコンテンツであることに気づく人もいる。そして後日、思わぬ発注が……！　無料で出した問いが、意外な金額になって返ってくる。

応用のきく即席クイズ

それってクイズ作家だからできることじゃないの？　と思うかもしれないが、実はそうではない。購入前に商品を試してもらうのは、試食や初回無料体験のようなものだ。発売間近の新製品の顔見せなども、この部類といえるだろう。場に応じた問題を出すのは、

「イマっぽさ」がある商品をアピールするのと似ている。発売間近の新製品は、その場で使って見せたり、それによって効能を感じてもらったりすることで、関心度が高くなる。こうした要素に分解すれば、私のやっていることはさほど特殊なことではない。むしろ、「うまくいくパターン」の合わせ技なのかも、と思う。

ちなみに、クイズを無料提供したとき、問題の感想に添えて「プロの方にこんなふうに出題してもらうとは、なんだか申し訳ない」と話しかけてくる人がいる。そういった方とは、仕事に限らず、いい関係が続くことが多い。なぜなら、初対面の知らない業種の相手を尊重することができ、相手に発注すればそれなりの金額が必要であることも想定できている人だからだ。

ところで、ポテトサラダの話が出たので、芋づる式にもうちょっとイモの話を続けたい。以前つくった問題に、こんなのがある。

【問題】

次のうち、日本発祥の食べ物はどれでしょう？

A：エビフライ　B：ローストビーフ　C：ポテトサラダ

この問題の答えは「A：エビフライ」。東京・銀座の煉瓦亭が考案、または明治時代に天ぷらから派生したとされる。Bのローストビーフはイギリスの伝統料理。Cのポテトサラダは、諸説あるもののロシアのオリヴィエ・サラダがもとになったといわれる。オリヴィエ・サラダは、オリヴィエさんというフランス系ロシア人シェフがモスクワのレストランで考案したものだ。というのも、冬が長いロシアでは、新鮮な野菜を食べられる期間が他国に比べて短い。そのため、生野菜のサラダよりも、長期保存ができるジャガイモのサラダが定着したといわれる。

食卓の料理ひとつ、お酒のアテひとつにも、発祥の地の風土や人々の暮らしの知恵が詰まっているのだなぁ、とポテトサラダにちょろっと紛れたキュウリをポリポリしながら思うのである。

動物ネタはウケがいい

人が自分の空間だと捉え、他者が入ってくると不快に思う領域のことを、パーソナルスペースという。日本人はおよそ九〇センチで、親しくない人がそれ以上近づくとあまりいい気はしないらしい。知らない人同士の場合、一・二〜二・〇メートルくらいは離れていたい、と思うようだ。そうした心理が働く結果、京都・鴨川の河原に集うカップルはだいたい等間隔で並ぶ。

クイズのための情報収集でこの言葉を知ったとき、そういえばヒト以外の生き物も、けっこう種類ごとに似たような距離感でいるな、と思った。電線にとまるハトは、私の見たところ三〇センチくらい。窓の外に巣をつくるクモは、一〇センチあるかないかといったところ。そっか、彼らにもきっと別個体とのほどよい距離ってのがあるんだな。互いに会話するわけでもなく、わりと近くにいる生き物たちに、少し親しみをもった。

パーソナルスペース×生き物といえば、ヒトは五〇センチから一・五メートルの範囲内に別個体がいると、何か話さなければいけない気がしてくるという。盛り上がらない飲み会なんかまさにそうで、互いに努力しあって会話を回しあおうとするものの、ふと話がとぎれて全員が黙ることがある。このような静寂を、フランスのことわざで「天使が通る」というう。なかなか気の利いた表現だが、「さっきから天使通り過ぎ、交通量どうなってるの」……などと余計なことが頭をよぎるときにウケやすい話題は、動物ネタだ。動物に関する話題は「かわいい」や「気になる」などポジティブな反応が出やすく、ほどよく楽しめる人が多い。

困ったときのアニマル話題

ということで、私のアニマルレパートリーはけっこう多い。この手の話題はクイズでも好まれるので、なんのかんのでほぼ毎日なにかしらの動物を調べている。

ただし、クイズに関わるようになる前と後では、ネタの質に違いがあった。クイズ作家になる前の私は自分の半径三キロメートル以内の動物について話すことが多く、作家となった後の私は古今東西の生き物を話題に出すようになった。

前者は、「昔刈り入れのすんだ田んぼで真っ白なキツネを見たことがある」、後者は、「ペンギンのおなかが白いのは下にいる魚から見えにくくするためで、背中が黒いのは上空の天敵から見つかりにくくするためである」、などだ。

ふたつのエピソードのうち、「へえ！」と思って明日人に話したくなるのはどちらだろう。たいていは後者だ。それゆえ私は、クイズ作成を通して自分の会話の質がマシになったな、と感じている。

終わる仕事にはオマケをあげる

ある日ウィキペディアを見ていたら、立ち上げ当初からずっと関わってきた番組の知らない放送回が一個増えていることに気づいた。

業界的にはさほど珍しいことではなく、制作チームの事情や番組全体の毛色を変えたいなどの理由で、これまで呼んでいた作家に声をかけないことは時折ある。

ただ、私の場合、幸いにも仕事を始めてから一〇年以上そんな案件の終わり方を経験してこなかったので、この一回がもう大ショックだった。

その事実を知った日は、考えごとが空回りし、挙げ句にネットサーフィンで時間を潰してしまった。「放送から数か月も知らなかったなんて、私のんきすぎ」「これまで提示していた料金が高すぎたのだろうか」「前回の問題採用率は前々回ほどじゃなかったものね」「演出さん、あなたがピンチのときに私が手助けした回数忘れた?」「視聴者さんが今回出た問題を文字に起こして記録しているはず。これを勉強すれば、私に足りなかったところがわかるかも」「よく見ると、一緒に入れ替えになった作家のSNSが放送直後に荒れてる。たぶん私より早くオンエアに気づいたんだろうなぁ」……などと、反省とも悔しさとも分析ともつかない諸々が頭を駆け巡っていた。

頭の整理がつかないときには、一旦寝るのが吉だ。明日すっきりした頭で考えようと、その日は早く休んだ。そして翌朝起きたとき、ふと気になったことがあった。

「そういえば、あの番組用に溜めたストックどうしよう」

この手のことは初めてだったので、その後先方とどういう付き合いになるのか、考えてもよくわからなかった。ひとつはっきりしていたのは、そのまま考え続けても解決しないであろうことで、「下手の考え休むに似たり」という言葉に背中を押され、先輩作家に連絡を取った。

「あの、つかぬことをうかがいますが、一度手元を離れた案件がまた戻ってくることってありますか?」

「まずないねぇ。諦めた方がいいだろうな」

ですよね……。薄々そうじゃないかとは思っていたものの、やはり残念だった。そして、業界内の雑談で、テレビ局側は一度切った相手とはなんとなく気まずい気がして別の案件でも一緒にやらなくなるという話を聞いたことがあった。となると、私の手元にある〝メモ以上クイズ未満〟のコたちはどうするべきか。

汎用性の高いネタであれば、他の番組用にとっておける。しかしその案件は特殊で、別のところに回せる類のクイズではなかった。そのとき、ふと思った。

「いっそあげちゃおっかな」

というわけで、番組の演出さんに連絡を入れてみた。新しい放送回の存在を知ったこと、そうであるなら番組用に溜めていたネタを差し上げようと思ったと伝え、複数のアイデアを送った。

すると、先方からすぐに折り返しが来た。そこには、情報提供へのお礼と、番組の放送予定を決める部署から例の番組はもうやらないと言われてしまったこと、また同じメンバーで仕事をしたいと思っていることなどが書かれていた。私がのんきにしている数か月の間に、先方にも色々あったようだ。

結果として、この連絡を入れたのは正解だった。その案件自体がもう存続しないことがはっきりとわかり、もやもや考える時間が省けた。さらによいことには、それから約一年後、同じ演出さんから別の番組へのお誘いがあったのだ。

もしあのとき連絡していなければ、互いになんとなく気まずくなってしまい、次の案件でご一緒することはなかった気がする。また、ストックネタを渡したことで、こちらが先方の企画について日頃からアンテナを張っていたこと、自分の去就とは別に番組の存続を望んでいたことなどが、うまく伝わったようだった。

切られるときこそおみやげを

この一件の後、私の仕事の仕方にひとつバリエーションが増えた。それは、「切られるときこそおみやげを」というものだ。

新規案件の相談があったものの、相手の懐具合とこちらが稼働できる料金が合わないことが察せられたときや、こちらのせいでなにかしら不義理が発生した場合に、相手に多少の利益を差し出したうえで離脱することを覚えたのだ。

たとえば、スマホのアプリのアクティブユーザーを増やすためにクイズが欲しいと言われ、問題サンプルなどを出した案件があった。当初、先方はかなり乗り気だったのだが、一問あたりの料金をお知らせした瞬間、メールの返信に間が空いた。

そうこうしているうちに、なんと、件のアプリでクイズ企画が始まった。問題内容はクイズ作家の手が入っていないことが明らかなもので、社員がつくるにしても、ちょっとした工夫でもっとクリック数が上がるのにな、と惜しく思った。

ちなみに、なぜ企画が始まったことを私が知っているかといえば、先方との顔合わせの際、「使用感などを覚えられるよう、私もユーザー登録してみますね」と言ってアプリをダウンロードしていたからだ。

この企業には、「クイズ企画が始まったようですね」と雑談風に伝え、外注せず自前で続ける場合のコツなどを知らせた。また、先方さんが今後広げたいと言っていた分野のアイデアもいくつかお渡しした。そのうちひとつは特にお気に召したようなので、今後そのアプリに登場するだろうと思う。

〝場〟を読み、出題の傾向を変える

「待って、逝かないで！」

叫んで肩をゆすりたかったが、「そいつ」には肩がない。あるのは箱状のボディと、大小の出っ張りがひとつずつ。うち大きい方は光る。

「一昨日まであんなに元気だったじゃない！」

そう言っても後の祭だ。というか、もうすぐこっちの祭り《クイズ大会》が始まる。なのになぜこのタイミングで早押し機がお亡くなりになるのか……！　こんなピンピンコロリはいやだ。

何度も機械を再起動させ、復活を試みるも、ふだんピンポン／ブーと判定音が出るはずの親機には、無音のまま「ERROR」としか表示されない。ええい、もう知らん！　仕方がないので、見た目も機能もイマイチの予備機を引っ摑んで会場に駆け込んだ。

直前の機材トラブルとは裏腹に、その日のクイズ大会は成功裡に終わった。参加者は三〇代から六〇代の大人だったのだが、初めてさわる早押し機に喜んでくれ、本気で勝負を挑んでくれた。

その裏で、私は早押し以外のパートをちょっと長めにし、解説を丁寧めに入れるなどして、さりげなく早押しの時間を削っていた。クイズといえば早押しというイメージがある以上まったくなしにはできないが、ボタンの光る部分が小さく、判定音がもともと鳴らない仕様の予備機では、誰が解答権を獲ったのかがわかりづらく、テンポも悪い。

そういうわけで、早押し機の使用によって「テレビみたい！」とテンションを上げてもらえる要素は残しつつ、別のパートに時間を割いたかっこうだ。

臨機応変の対応

早押し機については、別の話がある。

たとえば、クイズの場では、しばしば「ボタンチェック」という儀式のようなものが行われる。これは、参加者自身が早押し機のボタンを押し、正常に作動するかを確認する作業だ。それと同時に、いよいよ勝負が始まるんだという期待感を盛り上げる要素にもなる。

また、このボタンチェックの様子を見れば、クイズに慣れた参加者かそうでないかがある程度わかる。周囲の全員がクイズは初めてといった風情でこわごわボタンを押しているのに、ひとりだけ無駄のなさすぎるフォームで参加している人がいたら――いざクイズを始めても、その人が突出して強いことは想像に難くない。

そういうときには、クイズによく出る問題の優先度を下げ、クイズではあまり扱われないものの内容自体は簡単な問題を積極的に出す。すると、初心者と熟練者の差が比較的出にくく、良い勝負になりやすい。

また、早押しのように人に先んじて解答権を獲る形式が苦手な人が多いときには、フリップに書いて答える「ボードクイズ」の割合を高くすることがある。反対に、ひとりだけ正解できず、その人がはずかしそうにしているときには、ボードクイズを早く切り上げ、正解していない人が目立ちにくい早押し形式を長めに行うこともある。特に、レクリエーション目的で賞品などはない場合、こういった工夫によってクイズになじみのない人にも楽しんでもらいやすくしていく。

一方で、純粋にクイズの強さを競う競技クイズの大会では、このような対応はしない。問題の数や内容で勝負の行方が変わりかねないため、一度競技が始まったら決まった形式・順序で進行し、すべてをめぐりあわせに委ねる。

右のどの例でも、重要なのは場の観察だ。参加者の性格やイベントの残り時間、日常生活に根差した問題が向くか少し硬めの問題の方が好まれるかなど、様々考えながら対応する。そうすると、来場者に楽しんでもらえることが比較的多い。

最初は冷めた調子で参加していた人が終盤にはイキイキと解答してくれるようになると、こちらも作家冥利に尽きる。

人と接する以上、場の観察は多くの人が日常的にしていると思うが、個人的にはただ空気を読むだけでなく、それをふまえた行動により、どういう結果をもたらしたいかを考えることが大切だと思う。ゴールが決まれば、そのための行動も定まりやすい。そして実践を続けることにより、選球眼や対応の精度が上がっていく。

駅舎でのクイズ大会

この節の冒頭でお話ししたのは早押し機がダメになったケースだが、これまでの作家生活のなかでは、機械に異常はないものの私が早押し機に通電するためのコードを忘れたこともある。

その日は田舎の駅舎で地元の中高生を集めてのクイズ大会だったのだが、コードを置いてきた場所が遠すぎて取りに戻ることができず、周囲は田んぼや畑ばかりで電器店の類はかなり遠くまで行かないとなかった。

どうしようもなく絶望的な状況だったが、駅のスタッフが心配して、代用できるコードはないかと探してくれた。最終的に、その人からパソコンのケーブルをお借りし、それを機材につながないで無理矢理実施した。

早押し機からは「いつものコードさんじゃないんですけど?」とでもいうようにプツプツと謎の音が鳴り続けるも、機械なりに私に気を遣ってくれたのか、周囲には聞こえない程度の音量で、大過なくイベントを終えられた。ほんとにもう、心臓に悪い。

キャッチコピーのうまい使い方

クイズ番組では、よく挑戦者にキャッチコピーをつける。特に、視聴者参加型番組では、昨日まで顔も名前も知らなかった一般の人の勝負を追いかけてもらうことになる。その場合、タレントのネームバリューで間がもつ番組とは視聴者のモチベーションが違うので、別の方法で興味を維持してもらう必要がある。

突然だが、ふだん人と接するとき、「会社員で、丸顔で、『かしこまり!』が口癖なんだけど……あー、名前なんだっけ?」といった瞬間はないだろうか。

このような、仕事も容姿も性格まで頭に浮かぶのに、個人名だけが思い出せないという現象を、「ベイカーベイカーパラドクス」という。名前の由来は、その人がパン屋(ベイカー)であることは思い出せるのに、名字がベイカーであることは思い出せないことからだ。なぜ名前は忘れられがちかというと、人の記憶は階層状になって関連付けることで定着するため、ヒトという種別や職業という大きなくくりは覚えやすいが、さらに細かい個人名となると他の情報との結びつきが弱く、記憶から抜け落ちやすくなるためだ。

この現象は、視聴者参加型クイズ番組でも起こる。早押しクイズで誰かがボタンを押したとき、「さあ、解答権を獲ったのは○○さん、お答えをどうぞ！」などと言われても、視聴者的には「○○さんって誰だっけな」「イマイチ感情移入できないな」となるのである。

そんなときは、キャッチコピーの出番だ。頭の回転が速い人には「人間コンピュータ」、北海道出身の強豪ならば「北の雄」といった具合に、対象となる人の特徴を捉えた短いフレーズを用意する。こうすれば、あの人誰だっけ？　というノイズは生まれにくく、挑戦者の背景もわかりやすい。

この仕組みを実にうまく使ったのが、『アメリカ横断ウルトラクイズ』だ。この番組は一回に五万人以上が参加したこともある、超大所帯の企画だった。勝ち進んで参加者がある程度絞られると、司会者がその人に応じたあだ名をつける。

この塩梅がまた絶妙で、番組終了から四〇年以上経ったいまでも、出場した際の自分のニックネームを誇らしげに語ってくれる人がいたり、放送当時にまだ生まれていなかった若者が「○○さんと話せるなんて……！」と胸いっぱいの表情であだ名を口にしたりすることがある。

心を軽くするキャッチコピー

このように、キャッチコピーは後々まで尾を引くことがあるから、特に現代では名づける側も細心の注意を払う。本人に喜んでもらえるか、観る人にとってわかりやすいか、差別的でないか、ステレオタイプに陥っていないかなど、様々な観点からチェックをする。

以前、たまたま出会った人が『高校生クイズ』に出場した際のキャッチコピーを口にしたときには、正直震えた。それ、私がつけたやつ……！　楽しそうに顔を輝かせながら話してくださったので、いい思い出になっているようでよかった、とこちらまで幸せな気持ちにさせてもらった。

また、ときにはキャッチコピーに救われることもある。これは自分の体験談なのだが、あるとき、やってもやっても終わらない仕事に見舞われて頭が擦り切れそうなことがあった。

何をしていたかというと、テレビ番組で扱う情報に間違いがないかをチェックする作業だ。この手の工程は先述のように「裏取り」と呼ばれる。

私は調べ物が好きなので、裏取りも基本的には楽しんで行う。しかし、ときには、ナレーションの文面がコロコロ変わりすぎる案件や、何週間も前にこちらが報告したことを別スタッフが反映していなかった結果、収録間際に新たな確認事項が生じてバタバタする番組などがある。すると、さすがに疲れてくる。

そんなある日、もう知らんし……と半ばグレながら会議室にいると、「あれ、近藤さんじゃん！　この番組もやってたの？」と声がかかった。

彼女は別の案件でかねてご一緒しているが、この番組にはつい最近加入したプロデューサーだ。すると、この番組に最初からいる別のプロデューサーが寄ってきて「あれ、知り合い？」と聞くものだから、プロデューサー同士で「そうなんですよ、もう一〇年以上。そっか、この案件も近藤さん一緒なんだ」「そ、こっちで呼んだの。いいでしょ、うちの最強裏取り兵器」などとにこにこ話しはじめた。

かくいう私は、疲れのせいで反応が遅れ、ちょっと置いてけぼりだったのだが、尊敬する歴戦の猛者に「最強裏取り兵器」と言われるとは、たとえリップサービスでも光栄だった。

その後、同様の案件で終わらない業務が発生したときには、「ま、やるか。私、最強裏取り兵器だし」と切り抜けられるようになった。キャッチコピーに救われるとともに、自分が人につけるときにも、できるだけ本人の力になりえるものにしていきたいと思ったできごとだった。

国旗の色って意外と適当?!

国旗は国を象徴するもので、クイズ作成においても、その取り扱いには慎重さが要求される。

日本の刑法には外国国章損壊罪（九二条）というものもあり、外国の国旗を侮辱などの意図で燃やしたり破ったりすると、二年以下の懲役または二〇万円以下の罰金が科せられる。

放送業界でも、当然国旗には気を遣う。だから、国旗の色にもそれなりにしっかりとした決まりがあるのだと思っていた。ところが、『せっかち勉強』という番組でよく似た国旗の違いについて調べることになったとき、国旗の色の扱いが一定しない場合もあると知り、驚いた。

国旗の雑学として有名なものに、こんなのがある。

・オランダとルクセンブルクの国旗の色は、ルクセンブルクの方が青がちょっと薄い
・ルーマニアとチャドの国旗は、チャドの方が青がちょっと濃い

オランダとルクセンブルクの国旗は、どちらも上から順に赤・白・青が並んだ三色旗だ。

また、ルーマニアとチャドの国旗も三色旗で、こちらは左から順に青・黄・赤が並んでい

る。このように、デザインがよく似た国旗を見分けるというのが、先の雑学である。

既存のクイズでもこうした情報はよく目にしてきたのだが、国の象徴を扱うだけに先行例を鵜呑みにするわけにはいかず、対象となる国の機関に問い合わせた。ただ、窓口になる機関だからといって、その場に国旗の専門家がいるとは限らない（というか、基本的にいない）。また、先方には処理すべき大切な業務があるわけで、いちバラエティ番組からの問い合わせへの対応は、当然優先順位が低い。

各国からの折り返しを待つ間にも、収録予定日はどんどん近づいてくる。あまりにも困ったので、世界の国について国旗つきで紹介している、日本の外務省にも問い合わせてみた。

その結果わかったことは、外務省が掲示している国旗は、必ずしも諸国の公式データによるものではないということだ。よって正確な色を把握しているとは限らず、調査は再び暗礁に乗り上げた。

そうはいっても、ネタを落とすわけにはいかない。最後の最後に頼ったのは、一九六四年東京、一九七二年札幌、一九九八年長野、二〇二一年東京と、日本で開催されたすべてのオリンピックで国旗を手がけ、ＮＨＫの大河ドラマ『いだてん～東京オリムピック噺〜』『青天を衝け』でも国旗考証を務めた吹浦忠正先生だった。吹浦先生は、ご親切にも対応してくださり、各国旗の色について国際色見本のコードまで教えてくれた。

また、それらの色はオリンピックの現場で丁寧に当事国の合意をとって決められたものだが、オリンピック以外の場でも適用されているとは限らなかった。実際、後々届いた大使館の回答とオリンピックでの在り方にずれが生じているものもあり、両者の兼ね合いの調整のため、吹浦先生には何度もやりとりしていただいた。

最終的に、先述の情報はこのようなかたちに落ち着いた。

・オランダとルクセンブルクの国旗の違いは赤と青の濃さ

・ルーマニアとチャドの国旗の違いは、チャドの方が青色が少し濃い。ただしオリンピックではまったく同じ色

なんとか放送できる状態になった後、ぼーっとした頭を休ませながら思った。オランダやルーマニアの国旗について、これまで見聞きしていた雑学はいったいなんだったのか。全然違うじゃん……！

ちなみに、近年は国旗の色を法律で定め、国際的な色見本に従って数値化する国が増えている。吹浦先生によると、これは首脳会談など複数の国で国旗を並べて使う機会が増え

たことや、色彩学が発達したことに由来するのではないか、とのことだ。

そうであるなら、未来の番組制作では、国旗の色のリサーチでバタバタするスタッフが減るのかも。迷わずに済むのがありがたいような、関係各所とのすり合わせも得難い体験であるような、どこか不思議な心地がした。

そして、『せっかち勉強』の放送当日。これだけ調べたのだから、もう大丈夫。そう思ってはいたが、調査結果が先行例と重ならなかったのは、ちょっと心細かった。オンエア後、どこからもツッコミやご指摘がなかったと確認できたときには、想像以上にほっとした。難しくも楽しいお仕事だった。

【このビジネスクイズ、解けますか？】

問題16　このようなスーツの切れ込みを何という？

選択肢　A：トヨタ　B：アウディ　C：ベンツ

問題17　ハローキティなどのキャラクターで知られるサンリオ。さて、サンリオは、もともと何を扱う会社から始まった？

選択肢　A：医薬品　B：絹製品　C：輸入品

問題18　サラリーマンの「サラリー」とは、本来どんな調味料のこと？

選択肢　A：砂糖　B：酢　C：塩

問題19　【答えを知らなくても考えればたどり着ける問題】

よく目にするこのような封筒のつくり方を、ある宝石にちなんで「何貼り」という？

ヒント：展開図。

問題20【答えを知らなくても考えればたどり着ける問題】

信楽焼《しがらきやき》のタヌキは商売の縁起物といわれます。それはいったいなぜ？

ヒント：なぜ「タヌキ」かを考えれば答えに近づけます。

問題16～20の答え

問題16の答え――C：ベンツ

解説　英語で書くとVents。通気口・通風孔の意。一本ならベント、図のように二本ならベンツ。もともと上着には切れ込みがなかったが、貴族が馬にまたがりやすいように一本タイプのセンターベントが生まれ、軍人が帯剣したとき動きやすいように二本タイプのサイドベンツが生まれた。

問題17の答え――B：絹製品

解説　絹製品を扱う会社だったがうまくいかなかった一方、たまたま雑貨として扱っていた花柄の草履が大人気になった。そこからかわいいものがもつ力に目覚め、キャラクタービジネスにつながった。

問題18の答え――C：塩

解説　ラテン語で「塩」を意味するsal、および塩を買うための給金であるsalariumに由来するともいわれる。古代の人々にとって、塩は生活必需品かつ貴重品だった。なお、「サラリー」という言葉が日本で使われ始めたのは、大正時代ごろ。

問題19の答え――ダイヤモンド貼り

解説　封筒を開くとひし形の紙になる。このことから、こうした西洋式の封筒をダイヤモンド貼りと呼ぶ。

問題20の答え――「他を抜く」という意味を込めて

解説　その他細かい部分にも意味があり、徳利を持っているのは人徳を身に着けるため、笠をかぶっているのは思わぬ災難から身を守るため、大きなおなかは商売に必要な冷静さと大胆さの象徴だという。

おわりに

問題の「問」という字は、両開きの扉を表す「門」に、「口」の形を添えたものだといわれる。口に出して尋ねること、そして答えることにより新たな扉を開く、まさにクイズにうってつけの字だ。

さて、本書を執筆することになったときの最初の感想は、「わー、ニッチ」だった。誰もが知る経営者でもなく、人数の多い職業でもないクイズ作家に、よりによってビジネス層が好む新書。えっと、大丈夫ですかね……などと頭をかきつつ自分に問うてみたら、これまで人に話していなかった仕事の法則や、ひとりでニヤニヤ喜んでいた日々の楽しみなどが、意外とたくさん出てきた。

これらはいずれも、人が「本を書きますか？」と問うてくれたからこそ出てきた話であって、そうでなければ個人の暗黙知で終わっていたかもしれない。本書のお話をいただけたことは、日常的に様々なクイズを扱う私にとっても、問いの重要性・有効性を改めて認識できた機会だった。

いつも、「桃以外に『どんぶらこ』って流れるものある？」だの「ライオンに肉を横取りされているハイエナの画像がほしい」だの、クイズ・雑学絡みの謎の連絡に付き合ってくれる友人たちに、この場を借りてお礼申し上げます。また、本書を編集してくださった田中伊織さん、同じく編集を務めてくださり、最初にこの本を書かないかとお声がけくださった木村隆司さん、すてきな機会をいただき、感謝しております。そして、数ある書籍のなかからこの本を手にとってくださった皆さま、お目にかかれたことを、うれしく思います。

――それでは、最後の問題です。

もともとは「朝」という意味であった、現代では主に「次の日」を意味する言葉は何でしょう？

正解は、「明日」。

問いは明日を連れてくる。

二〇二四年一二月　　近藤仁美

編集協力　木村企画室

近藤仁美《こんどう ひとみ》

クイズ作家。一九八八年、三重県生まれ。早稲田大学教育学部卒業および同大学院修了。在学中からクイズ作家として活動を始め、日本テレビ系『高校生クイズ』を一五年間担当したほか、『頭脳王』『クイズ！　あなたは小学5年生より賢いの？』『せっかち勉強』などのテレビ番組や、各種メディア・イベント等で問題作成・監修を行ってきた。二〇一八年より国際クイズ連盟日本支部長。クイズの世界大会では日本人初・唯一の問題作成者を務める。著書に『人に話したくなるほど面白い！　教養になる超雑学』（永岡書店）、共著に『教科書で出会った古文・漢文一〇〇』（新潮社）、『クイズ語辞典』（誠文堂新光社）がある。

クイズ作家《さっか》のすごい思考法《しこうほう》

インターナショナル新書一五二

二〇二五年二月一二日　第一刷発行

著者　近藤仁美《こんどうひとみ》

発行者　岩瀬　朗

発行所　株式会社 集英社インターナショナル
〒一〇一-〇〇六四 東京都千代田区神田猿楽町一-五-一八
電話 〇三-五二一一-二六三〇

発売所　株式会社 集英社
〒一〇一-八〇五〇 東京都千代田区一ツ橋二-五-一〇
電話 〇三-三二三〇-六〇八〇（読者係）
〇三-三二三〇-六三九三（販売部）書店専用

装幀　アルビレオ

印刷所　大日本印刷株式会社

製本所　加藤製本株式会社

ISBN978-4-7976-8152-9　C0276

定価はカバーに表示してあります。

インターナショナル新書

067
物理学者のすごい思考法
橋本幸士

超ひも理論、素粒子論という物理学の最先端を研究する学者は、日常生活でも独特の視点でものを考える。通勤の最適ルート、ギョーザの適切な作り方、エスカレーターの乗り方……。物理学の本質に迫るエッセイ集。

141
物理学者のすごい日常
橋本幸士

駅から学校まで、雨に濡れずに歩けるか。満員電車で席を確保する科学的方法。隣席の貧乏ゆすりを相殺する手段とは…。日々の生活を物理学的思考法で考え、実際に試してみる。常識をくつがえす、科学エッセイ。

153
役に立たないロボット
日本が生み出すスゴい発想
谷 明洋

労働が役割のはずだが、なぜか日本には働かないロボットがたくさんいる。その理由を関係者たちへの取材を通じて探っていくと、そうしたロボットたちだけが持つ、愛玩や癒しを超えた意外な価値が見えてくる。

154
災害とデマ
堀 潤

被災者とダイレクトにつながり、大手メディアが報じない被災地のリアルを発信し続けるジャーナリストが、SNSにはびこるデマの実態と、それにあらがう術を探る。10年以上にわたる災害取材の集大成。